5A

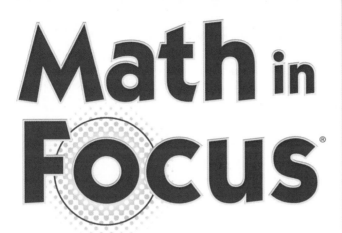

Math in Focus®

Matemáticas de Singapur de Marshall Cavendish®

Cuaderno de actividades

Consultor y autor
Dr. Fong Ho Kheong

Autores
Chelvi Ramakrishnan y Bernice Lau Pui Wah

Consultores en Estados Unidos
Dr. Richard Bisk, Andy Clark y Patsy F. Kanter

Marshall Cavendish
Education

Distribuidor en Estados Unidos

Houghton
Mifflin
Harcourt

© 2008 Marshall Cavendish International (Singapore) Private Limited
© 2015 Marshall Cavendish Education Pte Ltd

Published by Marshall Cavendish Education
Times Centre, 1 New Industrial Road, Singapore 536196
Customer Service Hotline: (65) 6213 9688
US Office Tel: (1-914) 332 8888 | Fax: (1-914) 332 8882
E-mail: cs@mceducation.com
Website: www.mceducation.com

Distributed by
Houghton Mifflin Harcourt
222 Berkeley Street
Boston, MA 02116
Tel: 617-351-5000
Website: www.hmheducation.com/mathinfocus

First published 2015

Math in Focus® Workbook 5A
ISBN 978-0-544-20776-9

Printed in Singapore

6 7 8   1401   20 19 18
4500739711   A B C D E

Contenido

Números enteros

Multiplicación y división de números enteros

3 Fracciones y números mixtos

Multiplicar y dividir fracciones y números mixtos

5 Álgebra

6 Área

7 Razones

Números enteros

Práctica 1   Los números hasta 10,000,000

Cuenta hacia adelante o hacia atrás por *decenas de millar* o *centenas de millar*. Luego, completa los espacios en blanco.

1.   40,000   50,000   60,000   _____   _____

2.   900,000   800,000   700,000   _____   _____

Completa la tabla. Luego, escribe los números en forma normal y en palabras.

3.

Centenas de millar	Decenas de millar	Millares	Centenas	Decenas	Unidades
○○ ○○	○○	○○ ○○○	○○○	○	○○○ ○○○

	Forma normal	En palabras
4 centenas de millar	400,000	cuatrocientos mil
☐ decenas de millar		
☐ millares		
☐ centenas		
☐ decenas		
☐ unidades		

Número en forma normal: _____

Número en palabras: _____

_____

Escribe cada número en forma normal.

4.

Centenas de millar	Decenas de millar	Millares	Centenas	Decenas	Unidades
○○	○○○	○○○ ○○○ ○○○	○○○ ○○○	○○ ○○○	○○○

El número es _____.

5.

Centenas de millar	Decenas de millar	Millares	Centenas	Decenas	Unidades
○○ ○○○ ○○○	○○○	○○ ○○○	○ ○○○ ○○○	○○	

El número es _____.

6. ochocientos dieciséis mil novecientos cuarenta y tres _____

> Primero, lee el período de los millares: ochocientos dieciséis mil, 816,000
> Luego, lee el período restante: novecientos cuarenta y tres, 943

7. seiscientos cinco mil quinientos _____

8. ciento tres mil treinta y uno _____

9. ochocientos setenta mil tres _____

10. trescientos mil doce _____

Completa los encabezados. Escribe *Decenas, Centenas, Decenas de millar* o *Centenas de millar.* Luego, escribe cada número en palabras.

11.

		Millares			Unidades
○		○○ / ○○○	○○○	○○○ / ○○○	○○

El número es _____

_____.

12.

		Millares			Unidades
○○ / ○○○	○○○ / ○○○			○○	○

El número es _____

_____.

Escribe cada número en palabras.

> 65,000: sesenta y cinco mil
> 142: ciento cuarenta y dos

13. 65,142 _____

_____

14. 368,400 _____

_____

Completa para expresar cada número en palabras.

15.	802,101	ochocientos dos mil ciento _____
16.	324,306	trescientos veinticuatro _____, trescientos seis
17.	150,260	ciento cincuenta mil, _____ sesenta
18.	999,198	novecientos _____ mil ciento _____

Usa la tabla que muestra la población de algunas ciudades para responder las preguntas.

Ciudad	Población
Jacksonville, Florida	773,781
Hyde Park, Nueva York	9,523
Portland, Oregón	538,544
Pittsburgh, Pensilvania	312,819
Lexington, Massachusetts	30,355
Newport, Rhode Island	26,136

19. Escribe la población de Pittsburgh en palabras.

_____

_____

20. ¿Qué ciudad tiene la menor población? ¿Cuál es su población?

_____

_____

Práctica 2   Los números hasta 10,000,000

Completa la tabla. Luego, escribe los números en forma normal y en palabras.

1.

Millones	Centenas de millar	Decenas de millar	Millares	Centenas	Decenas	Unidades
⭘⭘ ⭘⭘ ⭘⭘ ⭘⭘⭘	⭘	⭘ ⭘⭘ ⭘⭘	⭘⭘ ⭘⭘ ⭘⭘	⭘ ⭘⭘	⭘⭘ ⭘⭘	⭘⭘

	Forma normal	**En palabras**
⬜ millones		
⬜ centena de millar		
⬜ decenas de millar		
⬜ millares		
⬜ centenas		
⬜ decenas		
⬜ unidades		

Número en forma normal: _____

Número en palabras: _____

_____

Escribe el número en forma normal y en palabras.

2.

Millones	Centenas de millar	Decenas de millar	Millares	Centenas	Decenas	Unidades
⬤⬤⬤	⬤⬤	⬤⬤⬤⬤				

Número en forma normal: _____

Número en palabras: _____

Escribe cada número en forma normal.

3. dos millones ciento cincuenta y seis mil cuatro _____

4. cinco millones doscientos treinta y ocho mil _____

5. siete millones ciento cincuenta mil _____

6. seis millones sesenta mil cincuenta _____

7. tres millones tres _____

Escribe cada número en palabras.

8. 5,050,000 _____

9. 8,147,600 _____

_____

10. 7,230,014 _____

_____

11. 5,192,622 _____

_____

12. 9,009,009 _____

Práctica 3   Valor posicional

Completa. Usa la tabla de valor posicional.

Centenas de millar	Decenas de millar	Millares	Centenas	Decenas	Unidades
○○○	○○ ○○	○○ ○○○	○○		○
3	4	5	2	0	1

En 345,201:

1. a. el dígito 3 representa _____.   **b.** el valor del dígito 3 es _____.

2. a. el dígito 4 representa _____.   **b.** el valor del dígito 4 es _____.

3. a. el dígito 5 representa _____.   **b.** el valor del dígito 5 es _____.

Escribe el valor de cada dígito en la casilla correcta.

4.

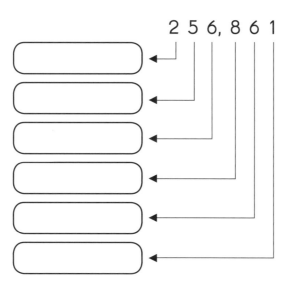

Completa.

En 346,812:

5. el dígito 3 representa _____.

6. el dígito 6 representa _____.

Escribe el valor del dígito 2 de cada número.

7. 3**2**9,051 _____   **8.** 903,5**2**1 _____

9. 71**2**,635 _____   **10.** **2**58,169 _____

Completa.

11. En 320,187, el dígito _____ está en el lugar de los millares.

12. En 835,129, el dígito 8 está en el lugar de las _____.

13. En 348,792, el dígito 4 está en el lugar de las _____.

Completa con la forma desarrollada de cada número.

14. 153,420 = 100,000 + _____ + 3,000 + 400 + 20

15. 760,300 = _____ + 60,000 + 300

16. 700,000 + 8,000 + 500 + 4 = _____

17. 200,000 + 2,000 + 10 = _____

Completa. Usa la tabla de valor posicional.

Millones	Centenas de millar	Decenas de millar	Millares	Centenas	Decenas	Unidades
1	5	0	8	3	6	9

En 1,508,369:

18. **a.** el dígito 1 representa _____.

b. el valor del dígito 1 es _____.

19. **a.** el dígito 8 representa _____.

b. el valor del dígito 8 es _____.

20. el dígito 0 está en el lugar de las _____.

Escribe el valor de cada dígito en la casilla correcta.

21.

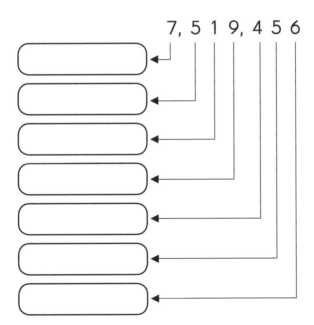

7, 5 1 9, 4 5 6

Completa.

22. En 5,420,000, el dígito 5 está en el lugar de los _____.

23. En 1,077,215, el dígito que está en el lugar de las centenas de millar

es el _____.

24. En 9,400,210, el dígito 9 representa _____.

Completa con la forma desarrollada de cada número.

25. 4,130,000 = _____ + 100,000 + 30,000

26. 6,123,750 = 6,000,000 + 100,000 + 20,000 + 3,000 + 700 + _____

27. 7,550,100 = 7,000,000 + _____ + 50,000 + 100

28. 5,000,000 + 200,000 + 7,000 + 70 = _____

29. 3,000,000 + 20,000 + 9,000 + 100 + 5 = _____

Lee las pistas para hallar el número.

Es un número de 7 dígitos.
El valor del dígito 7 es 700.
El dígito mayor está en el lugar de los millones.
El dígito 1 está al lado del dígito ubicado en el lugar de los millones.
El valor del dígito 8 es 8 decenas.
El valor del dígito 3 es 3 unidades.
El dígito 5 está en el lugar de los millares.
El dígito 6 representa 60,000.

30. El número es _____.

Práctica 4   Comparar números hasta 10,000,000

Completa la tabla de valor posicional. Luego, úsala para comparar los números.

1. ¿Cuál es mayor, 197,210 ó 225,302?

Compara los valores de los dígitos trabajando de izquierda a derecha.

Centenas de millar	Decenas de millar	Millares	Centenas	Decenas	Unidades

_____ centenas de millar es mayor que _____ centena de millar.

Entonces, _____ es mayor que _____.

Completa cada ◯ con > o <.

2. 128,758 ◯ 74,906

3. 523,719 ◯ 523,689

4. 89,000 ◯ 712,758

5. 635,002 ◯ 635,100

Encierra en un círculo el número menor y tacha el número mayor.

6. 375,061   172,503   127,203   157,203   371,560   371,605

Ordena los números del menor a mayor.

7. 739,615   795,316   315,679   615,379

_____

8. 245,385   805,342   97,632   300,596

_____

Compara los números. Usa la tabla de valor posicional.

9.

Millones	Centenas de millar	Decenas de millar	Millares	Centenas	Decenas	Unidades
8	0	7	9	7	2	0
6	9	9	0	3	9	5

_____ millones es menor que _____ millones.

_____ es menor que _____.

10.

Millones	Centenas de millar	Decenas de millar	Millares	Centenas	Decenas	Unidades
1	0	8	3	9	5	2
5	0	9	6	3	5	7

_____ es mayor que _____.

11.

Millones	Centenas de millar	Decenas de millar	Millares	Centenas	Decenas	Unidades
6	4	1	2	5	8	6
6	4	3	8	6	7	1

_____ es mayor que _____.

Completa cada ⬭ con > o <.

12. 4,015,280 ◯ 2,845,000   **13.** 999,098 ◯ 1,000,000

14. 2,007,625 ◯ 2,107,625   **15.** 7,405,319 ◯ 905,407

Ordena los números del mayor al menor.

16. 2,432,000   480,000   2,720,000   3,190,000

_____

17. 513,900   3,150,000   913,000   2,020,000

_____

Escribe los números que faltan.

18. 738,561   938,561   1,138,561   ...

    a. 938,561 es _____ más que 738,561.

    b. 1,138,561 es _____ más que 938,561.

    c. _____ más que 1,138,561 es _____.

    d. El siguiente número del patrón es _____.

19. 4,655,230   4,555,230   4,455,230   ...

    a. 4,555,230 es _____ menos que 4,655,230.

    b. 4,455,230 es _____ menos que 4,555,230.

    c. _____ menos que 4,455,230 es _____.

    d. El siguiente número del patrón es _____.

Halla la regla. Luego, completa el patrón de números.

20.   230,180   231,180   232,180   _____   _____

Regla: _____

21.   850,400   845,400   840,400   _____   _____

Regla: _____

22.   2,650,719   3,650,719   4,650,719   _____   _____

Regla: _____

23.   6,298,436   5,198,436   4,098,436   _____   _____

Regla: _____

Completa.

24. $5,083,000 = 5,000,000 +$ _____ $+ 3,000$

25. $5,000,000 + 600,000 + 2,000 =$ _____

26.   ¿Cuál es mayor, 509,900 ó 562,000? _____

27.   ¿Cuál es menor, 1,020,000 ó 1,002,000? _____

28.   El valor del dígito 1 en 7,120,000 es _____.

¿Dónde es difícil vivir pero está lleno de vida?
Para descubrirlo, empareja las letras con las siguientes respuestas.

_____   _____   _____   _____   _____

562,000   5,602,000   1,002,000   80,000   100,000

Práctica 5   Redondear y estimar

**Marca con una X el lugar donde se ubica cada número en la recta numérica.
Luego, redondea cada número.**

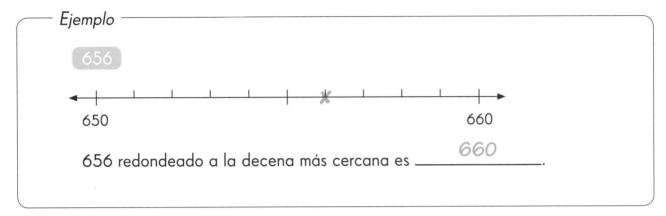

Ejemplo

656

650   660

656 redondeado a la decena más cercana es _____660_____.

1.   9,709

9,700   9,800

9,709 redondeado a la centena más cercano es _____.

2.   31,600

31,000   32,000

31,600 redondeado al millar más cercano es _____.

Redondea cada número al millar más cercano.

3.   5,637 _____   **4.**   9,541 _____

5.   1,399 _____   **6.**   72,245 _____

7.   473,075 _____   **8.**   69,547 _____

9.   20,100 _____   **10.**   756,715 _____

Responde cada pregunta. Usa la recta numérica.

—— *Ejemplo* ——

Redondeando al millar más cercano, ¿cuáles son el número menor y el número mayor que se redondea a 3,000?

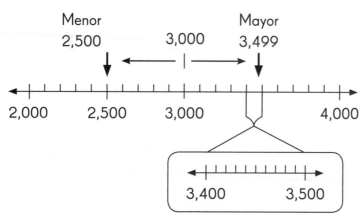

Número menor: _2,500_

Número mayor: _3,499_

11. Redondeando al millar más cercano, ¿cuál es

a. el número menor que se redondea a 5,000?

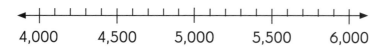

_____

b. el número mayor que se redondea a 90,000?

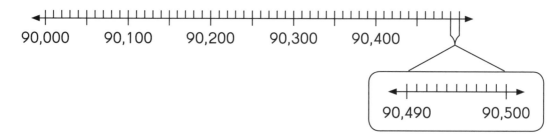

_____

Redondea cada número al millar más cercano. Luego, estima la suma.

> **Ejemplo**
>
> 9,286 + 5,703
>
> *9,286 se redondea a 9,000.*
> *5,703 se redondea a 6,000.*
> *9,000 + 6,000 = 15,000*

12. 6,789 + 4,200

13. 7,264 + 7,153

14. 4,885 + 6,075

15. 3,105 + 9,940

16. 7,083 + 2,607

Redondea cada número al millar más cercano. Luego, estima la diferencia.

Ejemplo

8,156 − 6,109

8,156 se redondea a 8,000.
6,109 se redondea a 6,000.
8,000 − 6,000 = 2,000

17. 4,924 − 4,127

18. 7,105 − 3,940

19. 4,885 − 1,075

20. 3,522 − 2,815

21. 6,480 − 1,397

Usa la estimación por la izquierda con aproximación para estimar cada suma.

Ejemplo

$1,963 + 3,290 + 7,837$

$1,000 + 3,000 + 7,000$
$= 11,000$

$900 + 200 + 800$
$= 1,900$

Al millar más cercano:
$1,900 \rightarrow 2,000$

$11,000 + 2,000 = 13,000$

22. $2,541 + 6,061 + 1,681$

23. $7,823 + 6,848 + 3,310$

24. $4,197 + 8,936 + 2,226$

Usa la estimación por la izquierda con aproximación para estimar cada diferencia.

Ejemplo

$2,943 - 1,272$

$2,000 - 1,000$
$= 1,000$

$900 - 200 = 700$

Al millar más cercano:
$700 \rightarrow 1,000$

$1,000 + 1,000 = 2,000$

---

25. $6,770 - 3,081$

26. $8,764 - 3,589$

27. $7,802 - 4,396$

Usa la estimación por la izquierda con aproximación para estimar cada diferencia.

Ejemplo

7,594 − 2,831

7,000 − 2,000 = 5,000

800 − 500 = 300

Al millar más cercano:
300 → 0

5,000 − 0 = 5,000

28. 5,780 − 3,962

29. 9,119 − 4,852

30. 8,254 − 4,836

Estima cada producto.

> **Ejemplo**
>
> 4,512 × 2
>
> 4,512 se redondea a 5,000.
> 5,000 × 2 = 10,000

31. 3,765 × 7

32. 2,521 × 5

33. 5,108 × 6

34. 8,497 × 9

35. 6,060 × 3

Estima cada cociente.

> **Ejemplo**
>
> 2,786 ÷ 5
>
> 2,786 se redondea a 3,000.
> 3,000 ÷ 5 = 600

> Busca números compatibles.
>
> 2,786 ÷ 5  2,500 ÷ 5
>
> 3,000 ÷ 5
>
> ¿Qué número está más cercano a 2,786?

36. 6,509 ÷ 7

37. 5,512 ÷ 6

38. 2,785 ÷ 3

39. 6,287 ÷ 8

40. 2,963 ÷ 9

Diario de matemáticas

1.   Kim y Dominic hallaron la suma de 8,642 y 9,328.

> La respuesta de Kim es 17,970.   La respuesta de Dominic es 1,890.

Una de sus respuestas es incorrecta.
Muestra cómo podrías usar la estimación para comprobar cuál respuesta
es razonable.

2. Samantha halló estos cocientes.

a. $7{,}986 \div 8 = 998 \text{ R } 2$ **b.** $2{,}659 \div 3 = 264 \text{ R } 3$

Muestra cómo podrías comprobar si los cocientes son razonables. Indica en cada caso si el cociente es razonable.

3. A Lisa le pidieron que redondeara

a. 763 a la centena más cercana.

b. 3,730 al millar más cercano.

Lisa redondeó 763 a 700 y 3,730 a 3,000. ¿Qué errores cometió? ¿Cuál debió haber sido la respuesta correcta en cada caso?

 ¡Ponte la gorra de pensar!

 Práctica avanzada

Ordena los dígitos para formar tres números de 6 dígitos cuyo redondeo al millar más cercano sea 756,000.

 2   5   5   6   7   8

 ¡Ponte la gorra de pensar!

 Resolución de problemas

1. ¿Qué número puedes restar de 3,200 de modo que su diferencia sea un número de 4 dígitos que tenga:
el dígito 2 en el lugar de los millares,
el dígito 3 en el lugar de las centenas y
cero en el lugar de las decenas y de las unidades?

2. Un número de 3 dígitos dividido entre 5 tiene un cociente par. Cuando se lo divide entre 3, también tiene un cociente par.

a. ¿Cuál es el dígito que está en el lugar de las unidades?

b. ¿Cuál puede ser el número?

Capítulo 2

Multiplicación y división de números enteros

Práctica 1   Usar una calculadora

 Suma.

1. $215 + 9{,}843 =$ _____

2. $6{,}789 + 18 =$ _____

3. $97 + 8{,}154 =$ _____

4. $1{,}693 + 8{,}157 =$ _____

 Resta.

5. $8{,}215 - 79 =$ _____

6. $6{,}286 - 129 =$ _____

7. $2{,}159 - 1{,}998 =$ _____

8. $26{,}145 - 9{,}354 =$ _____

 Multiplica.

9. $359 \times 12 =$ _____

10. $217 \times 58 =$ _____

11. $1{,}975 \times 5 =$ _____

12. $7{,}050 \times 8 =$ _____

 Divide.

13. $504 \div 9 =$ _____

14. $4{,}104 \div 6 =$ _____

15. $8{,}160 \div 85 =$ _____

16. $17{,}604 \div 18 =$ _____

Solo un camino después de cada problema tiene el resultado correcto. Traza el camino de Flavio eligiendo los caminos con los resultados correctos.

17.

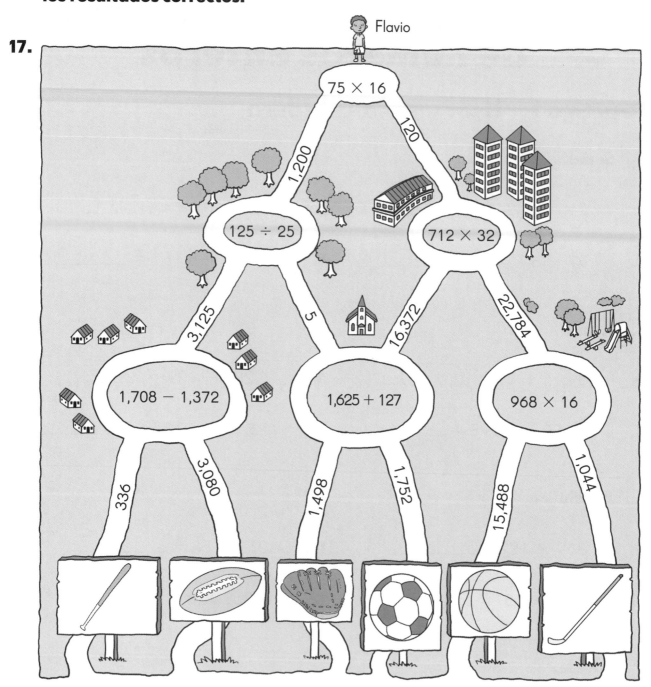

El premio al final del camino de Flavio es:

_____

Práctica 2   Multiplicar por decenas, centenas y millares

Multiplica.

1. $47 \times 10 =$ _____

2. $38 \times 10 =$ _____

3. $109 \times 10 =$ _____

4. $521 \times 10 =$ _____

5. $7,140 \times 10 =$ _____

6. $1,503 \times 10 =$ _____

7. $3,702 \times 10 =$ _____

8. $9,342 \times 10 =$ _____

Halla los factores que faltan.

9. $96 \times$ _____ $= 960$

10.   _____ $\times 10 = 700$

11. $514 \times$ _____ $= 5,140$

12.   _____ $\times 10 = 5,000$

13. $308 \times$ _____ $= 3,080$

14.   _____ $\times 10 = 4,020$

15. $2,096 \times$ _____ $= 20,960$

16.   _____ $\times 10 = 91,760$

Completa.

17. 39×30

$$= (39 \times \underline{\hspace{1.5cm}}) \times 10$$

$$= \underline{\hspace{2cm}} \times 10$$

$$= \underline{\hspace{2cm}}$$

18. 143×90

$$= (143 \times \underline{\hspace{1.5cm}}) \times \underline{\hspace{1.5cm}}$$

$$= \underline{\hspace{2cm}} \times \underline{\hspace{1.5cm}}$$

$$= \underline{\hspace{2cm}}$$

19. 360×30

$$= (360 \times \underline{\hspace{1.5cm}}) \times \underline{\hspace{1.5cm}}$$

$$= \underline{\hspace{2cm}} \times \underline{\hspace{1.5cm}}$$

$$= \underline{\hspace{2cm}}$$

20. 285×80

$$= (285 \times \underline{\hspace{1.5cm}}) \times \underline{\hspace{1.5cm}}$$

$$= \underline{\hspace{2cm}} \times \underline{\hspace{1.5cm}}$$

$$= \underline{\hspace{2cm}}$$

Multiplica.

21.   7 × 1,000 = _____   （R）

22.   86 × 100 = _____   （T）

23.   70 × 1,000 = _____   （A）

24.   95 × 100 = _____   （E）

25.   400 × 1,000 = _____   （L）

26.   217 × 100 = _____   （P）

27.   726 × 1,000 = _____   （I）

28.   803 × 100 = _____   （S）

29.   8,032 × 1,000 = _____   （O）

30.   3,810 × 100 = _____   （B）

31.   3,936 × 1,000 = _____   （N）

¿Qué gatos tienen el pelaje largo y fino y el hocico chato?
Para descubrirlo, empareja las letras con los resultados que están a continuación.

_____ _____ _____ _____ _____ _____
21,700   9,500   7,000   80,300   70,000   80,300

Halla los factores que faltan.

32. $17 \times$ _____ $= 1{,}700$

33. _____ $\times 1{,}000 = 25{,}000$

34. _____ $\times 1{,}000 = 478{,}000$

35. $320 \times$ _____ $= 320{,}000$

36. $1{,}315 \times$ _____ $= 131{,}500$

37. _____ $\times 1{,}000 = 2{,}662{,}000$

38. $4{,}668 \times$ _____ $= 466{,}800$

39. _____ $\times 100 = 576{,}000$

Completa.

> *Ejemplo*
>
> $4 \times 300 = (4 \times \underline{\hspace{1cm} 3 \hspace{1cm}}) \times 100$
>
> $= \underline{\hspace{1cm} 12 \hspace{1cm}} \times 100$
>
> $= \underline{\hspace{1cm} 1{,}200 \hspace{1cm}}$

40. $12 \times 500 = (12 \times \underline{\hspace{2cm}}) \times 100$

$= \underline{\hspace{2cm}} \times 100$

$= \underline{\hspace{2cm}}$

41. $700 \times 900 = (700 \times \underline{\hspace{2cm}}) \times 100$

$= \underline{\hspace{2cm}} \times 100$

$= \underline{\hspace{2cm}}$

Completa.

42. 814×700

$= (814 \times \underline{\hspace{2cm}}) \times 100$

$= \underline{\hspace{2cm}} \times 100$

$= \underline{\hspace{2cm}}$

43. $5,400 \times 800$

$= (5,400 \times \underline{\hspace{2cm}}) \times 100$

$= \underline{\hspace{2cm}} \times 100$

$= \underline{\hspace{2cm}}$

44. $5 \times 7,000$

$= (5 \times \underline{\hspace{2cm}}) \times 1,000$

$= \underline{\hspace{2cm}} \times 1,000$

$= \underline{\hspace{2cm}}$

45. $8 \times 5,000$

$= (8 \times \underline{\hspace{2cm}}) \times 1,000$

$= \underline{\hspace{2cm}} \times 1,000$

$= \underline{\hspace{2cm}}$

46. $12 \times 3,000$

$= (12 \times \underline{\hspace{2cm}}) \times 1,000$

$= \underline{\hspace{2cm}} \times 1,000$

$= \underline{\hspace{2cm}}$

47. $15 \times 2,000$

$= (15 \times \underline{\hspace{2cm}}) \times 1,000$

$= \underline{\hspace{2cm}} \times 1,000$

$= \underline{\hspace{2cm}}$

48. $300 \times 4,000$

$= (300 \times \underline{\hspace{2cm}}) \times 1,000$

$= \underline{\hspace{2cm}} \times 1,000$

$= \underline{\hspace{2cm}}$

49. $663 \times 6,000$

$= (663 \times \underline{\hspace{2cm}}) \times 1,000$

$= \underline{\hspace{2cm}} \times 1,000$

$= \underline{\hspace{2cm}}$

Multiplica.

	Multiplicar por decenas	Multiplicar por centenas	Multiplicar por millares
50.	17×70 =	17×700 =	$17 \times 7{,}000$ =
51.	65×30 =	65×300 =	$65 \times 3{,}000$ =
52.	90×40 =	90×400 =	$90 \times 4{,}000$ =
53.	812×10 =	812×100 =	$812 \times 1{,}000$ =
54.	634×20 =	634×200 =	$634 \times 2{,}000$ =

Halla los factores que faltan.

55. $31 \times$ _____ $= 3{,}100$

56. $30 \times$ _____ $= 90{,}000$

57. $103 \times$ _____ $= 3{,}090$

58. $25 \times$ _____ $= 5{,}000$

La dueña de una tienda de artículos electrónicos quiere estimar la cantidad que recibirá por la venta de estos artículos:

58 impresoras Todo en uno a $219 cada una.
652 radios despertadores a $73 cada uno.
99 reproductores de audio portátiles a $217 cada uno.
39 televisores de plasma a $4,156 cada uno.

Estima la cantidad que ella recibe por cada tipo de artículo redondeando cada número a su mayor valor posicional. Luego, estima la cantidad total obtenida por la venta de los artículos.

59. 58 × $219 se redondea a _____ × $_____ = $ _____

60. 652 × $73 se redondea a _____ × $ _____ = $ _____

61. 99 × $217 se redondea a _____ × $ _____ = $ _____

62. 39 × $4,156 se redondea a _____ × $ _____ = $ _____

63. La cantidad total estimada es

$ _____ + $ _____ + $ _____ + $ _____

= $ _____

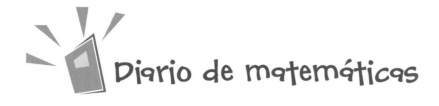

Diario de matemáticas

Multiplica. Explica cómo puedes comprobar que tu respuesta es razonable.

$$184 \times 97$$

Práctica 3   Multiplicar por potencias de diez

Multiplica.

> *Ejemplo*
>
> $36 \times 10^2 = 36 \times (\underline{\quad 10 \quad} \times \underline{\quad 10 \quad})$
>
> $\qquad = 36 \times \underline{\quad 100 \quad}$
>
> $\qquad = \underline{\quad 3,600 \quad}$

1. $17 \times 10^2 = 17 \times (\underline{\qquad} \times \underline{\qquad})$

$\qquad = 17 \times \underline{\qquad}$

$\qquad = \underline{\qquad}$

2. $98 \times 10^2 = 98 \times (\underline{\qquad} \times \underline{\qquad})$

$\qquad = 98 \times \underline{\qquad}$

$\qquad = \underline{\qquad}$

3. $432 \times 10^2 = 432 \times (\underline{\qquad} \times \underline{\qquad})$

$\qquad = 432 \times \underline{\qquad}$

$\qquad = \underline{\qquad}$

Multiplica.

4. $625 \times 10^2 =$

5. $1{,}000 \times 10^2 =$

6. $5{,}118 \times 10^2 =$

7. Tyler multiplicó $3{,}406 \times 10^2$ del siguiente modo:

$3{,}406 \times 10^2 = 3{,}406 \times 10 \times 2$

$\qquad\qquad\quad = 34{,}060 \times 2$

$\qquad\qquad\quad = 68{,}120$

¿Es correcto el método de Tyler? Si no, explica el error y muestra el modo correcto de evaluar la expresión numérica.

Multiplica.

Ejemplo

$62 \times 10^3 = 62 \times ($ ___10___ $\times$ ___10___ $\times$ ___10___ $)$

$= 62 \times$ ___1000___

$=$ ___62,000___

8. $53 \times 10^3 = 53 \times ($ _____ $\times$ _____ $\times$ _____ $)$

$= 53 \times$ _____

$=$ _____

9. $74 \times 10^3 = 74 \times ($ _____ $\times$ _____ $\times$ _____ $)$

$= 74 \times$ _____

$=$ _____

10. $318 \times 10^3 = 318 \times ($ _____ $\times$ _____ $\times$ _____ $)$

$= 318 \times$ _____

$=$ _____

Multiplica.

11. $907 \times 10^3 =$

12. $4{,}125 \times 10^3 =$

13. $2{,}000 \times 10^3 =$

Completa con 10, 10^2, ó 10^3.

14. Para convertir de kilogramos a gramos, multiplica por _____.

Práctica 4   Multiplicar por números de 2 dígitos

Multiplica. Estima para comprobar si tus respuestas sean razonables.

Ejemplo

$43 \times 20 = (43 \times 2) \times 10$

$\qquad = 86 \times 10$ ó

$\qquad = 860$

$$\begin{array}{r} 43 \\ \times\ 20 \\ \hline 860 \end{array}$$

43 se redondea a 40.

$40 \times 20 \times = 800$

La respuesta es razonable.

1. $59 \times 40 =$

2. $91 \times 14 =$

3. $96 \times 15 =$

4. $23 \times 17 =$

Multiplica. Estima para comprobar si tus respuestas sean razonables.

Ejemplo

$510 \times 30 = (510 \times 3) \times 10$

$\qquad\qquad = 1{,}530 \times 10 \qquad$ ó

$\qquad\qquad = 15{,}300$

$$
\begin{array}{r}
5\ 1\ 0 \\
\times \qquad 3\ 0 \\
\hline
1\ 5,3\ 0\ 0
\end{array}
$$

510 se redondea a 500.

$500 \times 30 = 15{,}000$

La respuesta es razonable.

---

5. $\qquad 750 \times 60 =$

6. $\qquad 614 \times 31 =$

7. $\qquad 556 \times 47 =$

8. $\qquad 843 \times 25 =$

Multiplica. Estima para comprobar si tus respuestas sean razonables.

┌─ *Ejemplo* ───┐

$1,970 \times 20 = (1,970 \times 2) \times 10$

                 $= 3,940 \times 10$ ó

                 $= 39,400$

$$\begin{array}{r} 1,970 \\ \times 20 \\ \hline 39,400 \end{array}$$

$1,970$ se redondea a $2,000$.

$2,000 \times 20 = 40,000$

La respuesta es razonable.

└──┘

9. $3,610 \times 60 =$ **10.** $8,142 \times 16 =$

11. $5,193 \times 35 =$ **12.** $4,563 \times 29 =$

Multiplica. Estima para comprobar si tus respuestas sean razonables.

13. $85 \times 35 =$

14. $78 \times 21 =$

15. $738 \times 96 =$

16. $921 \times 57 =$

17. $3{,}072 \times 82 =$

18. $7{,}846 \times 63 =$

Diario de matemáticas

Juana estimó estos productos.

a. 2,892 × 21 se redondea a 3,000 × 20 = 60,000

b. 2,743 × 18 se redondea a 3,000 × 20 = 60,000

Luego calculó los resultados reales. A pesar de que los resultados estimados fueron iguales, Juana halló que los resultados reales eran muy diferentes entre sí.

1.   ¿En qué caso la estimación está más cerca del resultado real? Explica por qué.

2. Si una estimación hace que tu respuesta no parezca razonable, ¿qué puedes hacer para asegurarte de que has hecho tu trabajo correctamente?

Nombre: _____   **Fecha:** _____

Práctica 5   Dividir entre decenas, centenas y millares

Completa.

1.   100 ÷ 10 = _____

2.   670 ÷ 10 = _____

3.   1,050 ÷ _____ = 105

4.   _____ ÷ 10 = 1,974

5.   52,260 ÷ 10 = _____

6.   30,500 ÷ _____ = 3,050

Completa.

Ejemplo

5,610 ÷ 30

= (5,610 ÷ _10_) ÷ 3

= _561_ ÷ 3

= _187_ (U)

7.   3,000 ÷ 60

= (3,000 ÷ 10) ÷ _____

= _____ ÷ 6

= _____ (M)

8.   1,040 ÷ 40

= (1,040 ÷ _____) ÷ _____

= _____ ÷ _____

= _____ (A)

Completa.

9. $8,700 \div 60$

   $= (8,700 \div \underline{\hspace{2cm}}) \div \underline{\hspace{2cm}}$

   $= \underline{\hspace{2cm}} \div \underline{\hspace{2cm}}$

   $= \underline{\hspace{2cm}}$ (T)

10. $3,450 \div 50$

   $= (3,450 \div \underline{\hspace{2cm}}) \div \underline{\hspace{2cm}}$

   $= \underline{\hspace{2cm}} \div \underline{\hspace{2cm}}$

   $= \underline{\hspace{2cm}}$ (R)

11. $34,230 \div 70$

   $= (34,230 \div \underline{\hspace{2cm}}) \div \underline{\hspace{2cm}}$

   $= \underline{\hspace{2cm}} \div \underline{\hspace{2cm}}$

   $= \underline{\hspace{2cm}}$ (N)

¿Qué presidente de Estados Unidos tenía un letrero sobre su escritorio que decía "Aquí recae la responsabilidad última, *The buck stops here*"? Para saberlo, empareja las letras que están en las páginas 47 y 48 con los resultados que están a continuación.

HARRY S. $\underline{\hspace{1.5cm}}$ $\underline{\hspace{1.5cm}}$ $\underline{\hspace{1.5cm}}$ $\underline{\hspace{1.5cm}}$ $\underline{\hspace{1.5cm}}$ $\underline{\hspace{1.5cm}}$

| 145 | 69 | 187 | 50 | 26 | 489 |

Divide.

12. $3,400 \div 100 =$ _____   (F)

13. $560,000 \div 1,000 =$ _____   (O)

14. $5,000 \div 100 =$ _____   (S)

15. $38,000 \div 1,000 =$ _____   (I)

16. $7,700 \div 10^2 =$ _____   (M)

17. $360,000 \div 10^3 =$ _____   (N)

18. $2,000 \div 10^2 =$ _____   (B)

19. $415,000 \div 10^3 =$ _____   (A)

¿Qué tipo de animal es la salamandra?
Para saberlo, empareja las letras con los resultados que están a continuación.

____	____	____	____	____	____	____
415	360	34	38	20	38	560

Completa.

> *Ejemplo*
>
> $600 \div 300$
>
> $= (600 \div \underline{100}) \div \underline{3}$
>
> $= \underline{6} \div \underline{3}$
>
> $= \underline{2}$

20. $1,600 \div 400$

$= (1,600 \div \underline{}) \div \underline{}$

$= \underline{} \div \underline{}$

$= \underline{}$

21. $81,000 \div 900$

$= (81,000 \div \underline{}) \div \underline{}$

$= \underline{} \div \underline{}$

$= \underline{}$

22. $31,500 \div 500$

$= (31,500 \div \underline{}) \div \underline{}$

$= \underline{} \div \underline{}$

$= \underline{}$

Completa.

> *Ejemplo*
>
> $9,000 \div 3,000$
>
> $= (9,000 \div \underline{1,000}) \div \underline{3}$
>
> $= \underline{9} \div \underline{3}$
>
> $= \underline{3}$

23. $56,000 \div 7,000$

$= (56,000 \div \underline{}) \div \underline{}$

$= \underline{} \div \underline{}$

$= \underline{}$

24. $133,000 \div 7,000$

$= (133,000 \div \underline{}) \div \underline{}$

$= \underline{} \div \underline{}$

$= \underline{}$

25. $120,000 \div 8,000$

$= (120,000 \div \underline{}) \div \underline{}$

$= \underline{} \div \underline{}$

$= \underline{}$

Divide.

	Dividir entre decenas	Dividir entre centenas	Dividir entre millares
26.	360 ÷ 40 =	3,600 ÷ 400 =	36,000 ÷ 4,000 =
27.	1,190 ÷ 70 =	11,900 ÷ 700 =	119,000 ÷ 7,000 =
28.	12,680 ÷ 20 =	126,800 ÷ 200 =	1,268,000 ÷ 2,000 =
29.	23,200 ÷ 80 =	232,000 ÷ 800 =	2,320,000 ÷ 8,000 =

Completa.

30. 430 ÷ _____ = 43

31. 9,000 ÷ _____ = 30

32. 49,000 ÷ _____ = 7

33. 2,400 ÷ _____ = 120

34. 64,000 ÷ _____ = 160

35. 85,000 ÷ _____ = 17

Estima cada cociente.

6,452 ÷ 27 se redondea a __6,000__ ÷ __30__ = __200__

36. 7,865 ÷ 41 se redondea a _____ ÷ _____ = _____

37. 9,125 ÷ 345 se redondea a _____ ÷ _____ = _____

38. 9,825 ÷ 206 se redondea a _____ ÷ _____ = _____

39. 7,226 ÷ 871 se redondea a _____ ÷ _____ = _____

40. 5,299 ÷ 49 se redondea a _____ ÷ _____ = _____

41. 3,654 ÷ 27 se redondea a _____ ÷ _____ = _____

¿Qué número se puede dividir exactamente entre 3, 7 y 9?
Para saberlo, sombrea los números de abajo que se correspondan
con los resultados de arriba.

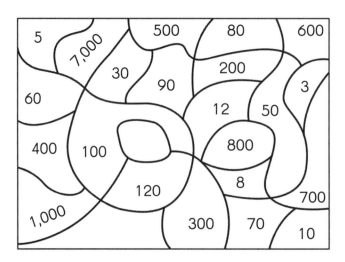

Práctica 6 Dividir entre números de 2 dígitos

Divide.

Ejemplo

$340 \div 20 = 34 \div 2$

$= 17$

1. $560 \div 80 =$

2. $630 \div 60 =$

3. $590 \div 30 =$

4. $190 \div 90 =$

5. $360 \div 50 =$

Divide.

Ejemplo

$43 \div 12$

12 se redondea a 10.

$4 \times 10 = 40$

El cociente se aproxima a 4.

$4 \times 12 = 48$

El cociente estimado
es demasiado grande.
Intenta con el 3.

$$
\begin{array}{r}
3\ \text{R}\ 7 \\
12\overline{)\ 4\ 3} \\
3\ 6 \\
\hline
7
\end{array}
$$

$43 \div 12 = 3\ \text{R}\ 7$

6. $98 \div 16 =$

7. $65 \div 24 =$

8. $94 \div 37 =$

Divide.

┌─ *Ejemplo* ─────────────────────────────┐

$215 \div 51$

215 *se redondea a* 200.

$4 \times 50 = 200$

El cociente se aproxima a 4.

$$
\begin{array}{r}
4 \text{ R } 11 \\
51 \overline{)215} \\
204 \\
\hline
11
\end{array}
$$

$215 \div 51 = 4 \text{ R } 11$

└───┘

9. $362 \div 60 =$ **10.** $178 \div 45 =$

11. $850 \div 88 =$ **12.** $273 \div 59 =$

Divide.

$354 \div 14$

$$
\begin{array}{r}
2\,5\,R4 \\
14\overline{)3\,5\,4} \\
2\,8 \\
\hline
7\,4 \\
7\,0 \\
\hline
4
\end{array}
$$

3 centenas 5 decenas = 35 decenas

35 decenas ÷ 14 = 2 decenas
R 7 decenas

7 decenas 4 unidades = 74 unidades

74 ÷ 14 = 5 R 4

$354 \div 14 = 25\,R4$

13. $850 \div 17 =$

14. $546 \div 25 =$

15. $700 \div 28 =$

16. $936 \div 43 =$

Divide.

Ejemplo

$3,300 \div 30$

```
        1 1 0
30)3,300
    3 0
    ─────
      3 0
      3 0
    ─────
        0
```

$3,300 \div 30 = 110$

17. $7,500 \div 60 =$

18. $9,607 \div 15 =$

19. $5,007 \div 18 =$

20. $3,215 \div 22 =$

21. $8,012 \div 46 =$

Juega Tres en línea usando los siguientes ejercicios.

9	7	6
2	0	3
5	1	4

Elige 5 de los siguientes problemas y enciérralos en un círculo. Resuelve los problemas que elegiste. Halla los residuos en la cuadrícula. Táchalos. ¿Ganaste el juego?

22. $27 \div 12$

23. $58 \div 19$

24. $457 \div 28$

25. $406 \div 25$

26. $518 \div 43$

27. $642 \div 58$

28. $6,900 \div 75$

29. $1,286 \div 21$

30. $2,995 \div 83$

Práctica 7   Orden de las operaciones

Simplifica. Anota cada paso.

Ejemplo

$18 - 11 - 4 =$ ___3___

Paso 1 ___$18 - 11 = 7$___

Paso 2 ___$7 - 4 = 3$___

1. $26 + 8 - 19 =$ _____

Paso 1 _____

Paso 2 _____

2. $12 + 16 - 9 + 3 =$ _____

Paso 1 _____

Paso 2 _____

Paso 3 _____

3. $58 - 23 + 11 - 6 =$ _____

Paso 1 _____

Paso 2 _____

Paso 3 _____

Simplifica. Indica el orden en que realizaste las operaciones.

Expresión numérica	Orden de las operaciones realizadas		
	Primero	**Segundo**	**Tercero**
$12 + 14 + 9 = 35$	+	+	
4. $60 + 18 - 7$			
5. $70 - 15 - 49$			
6. $23 + 16 - 7 + 12$			
7. $15 - 12 + 17 - 6$			

Simplifica. Anota cada paso.

Ejemplo

$9 \times 6 \div 2 =$ _____ 27 _____

Paso 1 _____ $9 - 6 = 54$ _____

Paso 2 _____ $54 \div 2 = 27$ _____

8. $25 \times 3 \div 5 =$ _____

Paso 1 _____

Paso 2 _____

9. $200 \div 10 \times 3 \div 5 =$ _____

Paso 1 _____

Paso 2 _____

Paso 3 _____

10. $250 \div 5 \div 10 \times 2 =$ _____

Paso 1 _____

Paso 2 _____

Paso 3 _____

Simplifica. Indica el orden en que realizaste las operaciones.

Expresión numérica	Orden de las operaciones realizadas		
	Primero	Segundo	Tercero
$30 \times 2 \times 5 = 300$	$\times$	$\times$	
11. $6 \times 10 \div 5$			
12. $28 \div 7 \times 4$			
13. $40 \div 8 \div 5$			
14. $20 \div 10 \times 8 \div 2$			
15. $120 \div 12 \div 2 \times 16$			

Simplifica. Anota cada paso.

Ejemplo

$7 \times 8 - 6 =$ ___50___

Paso 1 ___$7 \times 8 = 56$___

Paso 2 ___$56 - 6 = 50$___

16. $14 + 9 \times 7 =$ _____

Paso 1 _____

Paso 2 _____

17. $200 \div 20 + 5 =$ _____

Paso 1 _____

Paso 2 _____

18. $80 - 16 \div 4 =$ _____

Paso 1 _____

Paso 2 _____

Simplifica. Indica el orden en que realizaste las operaciones.

Expresión numérica	Orden de las operaciones realizadas	
	Primero	**Segundo**
$25 - 5 \times 3 = 10$	$\times$	$-$
19. $90 + 16 \div 8$		
20. $83 - 72 \div 6$		
21. $5 + 90 \times 7$		
22. $240 \div 20 + 15$		
23. $7 \times 80 - 160$		

Simplifica. Anota cada paso.

Ejemplo

$54 \div 6 + 20 \times 4 =$ _____89_____

Paso 1 _____$54 \div 6 = 9$_____

Paso 2 _____$20 \times 4 = 80$_____

Paso 3 _____$9 + 80 = 89$_____

---

24. $40 - 6 + 10 \times 3 =$ _____

Paso 1 _____

Paso 2 _____

Paso 3 _____

25. $36 \div 6 - 25 \div 5 =$ _____

Paso 1 _____

Paso 2 _____

Paso 3 _____

26. $25 \times 4 - 36 \div 9 =$ _____

Paso 1 _____

Paso 2 _____

Paso 3 _____

Simplifica. Indica el orden en que realizaste las operaciones.

Expresión numérica	Orden de las operaciones realizadas			
	Primero	**Segundo**	**Tercero**	**Cuarto**
$60 \div 3 + 14 \times 2 = 48$	$\div$	$\times$	$+$	
27. $20 - 5 \times 2 + 6$				
28. $13 - 6 \times 2 + 12 \div 4$				
29. $27 \div 3 + 40 \times 6$				
30. $64 - 60 + 12 \times 3$				
31. $42 \div 7 - 2 + 7$				

Simplifica. Anota cada paso.

Ejemplo

$(15 - 11) \times 9 = \underline{\quad 36 \quad}$

Paso 1 $\underline{\quad 15 - 11 = 4 \quad}$

Paso 2 $\underline{\quad 4 \times 9 = 36 \quad}$

32. $(11 + 5) \div 16 = \underline{\qquad\qquad}$

Paso 1 _____

Paso 2 _____

Simplifica. Anota cada paso.

33. $63 - (9 \times 7) = $ _____

Paso 1 _____

Paso 2 _____

34. $32 \div (14 + 2) = $ _____

Paso 1 _____

Paso 2 _____

Simplifica. Indica el orden en que realizaste las operaciones.

Expresión numérica	Orden de las operaciones realizadas	
	Primero	**Segundo**
$3 \times (72 \div 8) = 27$	$(\div)$	$\times$
35. $(40 \div 5) \times 11$		
36. $(36 - 15) \times 2$		
37. $36 - (15 \times 2)$		
38. $(62 + 10) \div 6$		
39. $70 \div (16 - 9)$		

Simplifica. Anota cada paso.

Ejemplo

21 + (12 + 6) ÷ 3 = ___27___

Paso 1 ___12 + 6 = 18___

Paso 2 ___18 ÷ 3 = 6___

Paso 3 ___21 + 6 = 27___

40.   7 + (8 − 4) × 10 = _____

Paso 1 _____

Paso 2 _____

Paso 3 _____

41.   32 ÷ (7 + 1) × 9 − 5 = _____

Paso 1 _____

Paso 2 _____

Paso 3 _____

Paso 4 _____

Simplifica. Anota cada paso.

42. $(47 + 12) - 10 \div 5 \times 3 =$ _____

Paso 1 _____

Paso 2 _____

Paso 3 _____

Paso 4 _____

Simplifica. Indica el orden en que realizaste las operaciones.

	Expresión numérica	Orden de las operaciones realizadas			
		Primero	**Segundo**	**Tercero**	**Cuarto**
	$100 + (720 + 200) \div 2$ $= 560$	(+)	÷	+	
43.	$24 \times 5 - (125 - 80)$				
44.	$360 \div (98 + 22) \times 19 - 30$				
45.	$11 + (34 + 16) \div 5$				
46.	$7 \times 6 - (18 - 6)$				
47.	$21 \div (2 + 5) \times 12 - 8$				

Simplifica. Anota cada paso.

Ejemplo

$\{50 - [13 - (8 + 3)]\} \div 4 = \underline{\quad 12 \quad}$

Paso 1 $\underline{\quad 8 + 3 = 11 \quad}$

Paso 2 $\underline{\quad 13 - 11 = 2 \quad}$

Paso 3 $\underline{\quad 50 - 2 = 48 \quad}$

Paso 4 $\underline{\quad 48 \div 4 = 12 \quad}$

48. $19 - [(18 + 2) - 6] = \underline{\qquad}$

Paso 1 _____

Paso 2 _____

Paso 3 _____

49. $[(27 \div 9) - 3] + 30 = \underline{\qquad}$

Paso 1 _____

Paso 2 _____

Paso 3 _____

50. $11 + \{18 - [15 \div (20 - 15)]\} = $ _____

Paso 1 _____

Paso 2 _____

Paso 3 _____

Paso 4 _____

51. $\{[(100 \div 4) \times (3 + 3)] \div 50\} + 9 = $ _____

Paso 1 _____

Paso 2 _____

Paso 3 _____

Paso 4 _____

Paso 5 _____

52. $(108 - 86) + \{120 \div [20 - (10 + 6)]\} = $ _____

Paso 1 _____

Paso 2 _____

Paso 3 _____

Paso 4 _____

Paso 5 _____

Práctica 8   Problemas cotidianos: Multiplicación y división

Resuelve. Muestra el proceso.

1. Rafael tiene 118 tarjetas de béisbol ordenadas en un álbum. A cada página del álbum le caben 9 tarjetas. ¿Cuántas páginas están llenas y cuántas tarjetas hay en la última página?

2. Un club de esquí tenía 146 miembros. Cada miembro pagó una cuota mensual de $30 por concepto de entrenamiento. ¿Cuánto recaudó el club por concepto de entrenamiento durante el año?

Resuelve. Muestra el proceso.

3. Una granjera recoge 1,250 huevos en una mañana. Pone 30 huevos en cada bandeja. ¿Cuántas bandejas necesita para poner todos los huevos?

4. En un supermercado, el jugo de piña se vende a $1 por pinta (16 onzas). Greg quiere comprar dieciocho latas de 40 onzas de jugo de piña en el supermercado. ¿Cuánto tiene que pagar en total?

Resuelve. Muestra el proceso.

5.   Una organización benéfica gasta $4,500 entregando cupones
para alimentos a las familias.

   a.   Cada familia recibe un cupón de $25. ¿Cuántas familias hay?

   b.   Cada cupón tendrá un valor de $32 el próximo año. ¿Cuánto dinero
más necesitará la organización benéfica el año próximo?

6.   Un grupo de turistas visita un museo de arte. La entrada cuesta $13 por
cada adulto y $7 por cada niño. Hay 10 adultos y 18 niños en el grupo.
¿Cuánto pagan en total?

Resuelve. Muestra el proceso.

7. Una tabla rectangular mide 10 centímetros más de largo que de ancho. El ancho de la tabla es de 26 centímetros. La tabla se corta en 9 pedazos iguales.

a. ¿Cuál es el área de cada pedazo?

b. ¿Cuáles son las dimensiones que puede tener cada pedazo? (Haz que las dimensiones sean números enteros.)

8. Hay 912 sillas amarillas y azules en un auditorio. Las sillas azules están ordenadas en 36 hileras con 12 sillas en cada hilera. Las sillas amarillas están ordenadas en hileras de 20. ¿Cuántas hileras de sillas amarillas hay?

Resuelve. Muestra el proceso.

9. La tabla muestra los salarios de los trabajadores en la empresa de Sam.
    Saulo trabaja de martes a domingo cada semana.
    ¿Cuánto gana en 1 semana?

Días entre semana	$112 por día
Sábado y domingo	$168 por día

Resuelve. Muestra el proceso.

10. La tabla muestra los precios de un garaje de estacionamiento.

Primera hora	$2
Cada $\frac{1}{2}$ hora adicional	$1

a. Sharona estacionó su carro en el garaje de 9:30 a.m. a 11 a.m. el mismo día. ¿Cuánto tuvo que pagar?

b. Darío estacionó su carro allí desde las 9 a.m. hasta las 12:30 p.m. el mismo día. ¿Cuánto tuvo que pagar?

Práctica 9   Problemas cotidianos: Multiplicación y división

Resuelve. Usa cualquier estrategia.

1. Ana y Francina tienen $120. Ana y Peter tienen $230. Peter tiene 6 veces más dinero que Francina. ¿Cuánto dinero tiene Ana?

2. Larry tiene 10 años de edad y su hermana tiene 7 años. ¿En cuántos años la edad total de ambos será 25 años?

Resuelve. Usa cualquier estrategia.

3. Una caja de tizas y 2 grapadoras cuestan $10. Tres cajas de tizas y 2 grapadoras cuestan $18. Halla el costo total de 1 caja de tizas y 1 grapadora.

Resuelve. Usa cualquier estrategia.

4. Sally y Marta tenían el mismo número de postales. Luego de que Sally vendiera 18 de sus postales, Marta tenía 4 veces más postales que Sally. ¿Cuántas postales tenía cada niña al principio?

Resuelve. Usa cualquier estrategia.

5. Una canasta con 12 manzanas tiene una masa de 3,105 gramos.
    La misma canasta con 7 manzanas tiene una masa de 1,980 gramos.
    Cada manzana tiene la misma masa. ¿Cuál es la masa de la canasta?

Diario de matemáticas

1. Kelly tiene un cuaderno de dibujo de 370 páginas. Quiere asignar a cada mes del año igual número de páginas para hacer dibujos. Usa la división para hallar el número de páginas que puede asignar a cada mes y el número de páginas que sobrarán.
Ella realiza la división de la siguiente manera:

```
        3 0
  12 ) 3 7 0
      3 6 0
        1 0
```

¿Qué parte del resultado indica el número de páginas que Kelly pueda asignarle a cada mes?
¿Qué parte indica el número de páginas que sobran?

2. Se le pidió a Mark que simplifique la expresión numérica $6 + 4 \times 2$.
Él resolvió los pasos de esta manera:

$$6 + 4 \times 2 = 10 \times 2$$
$$= 20$$

¿Tiene razón? Explica por qué.

3. Observa el siguiente problema y la solución dada por un estudiante:
Abel, Belle y Cindy tienen $408 en total. Belle tiene $7 más que
Cindy y $5 más que Abel. ¿Cuánto tiene Abel?

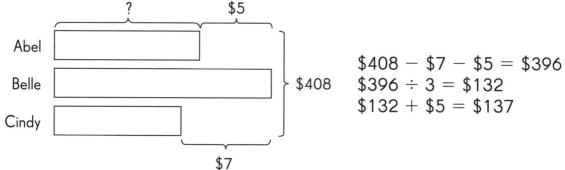

$$\$408 - \$7 - \$5 = \$396$$
$$\$396 \div 3 = \$132$$
$$\$132 + \$5 = \$137$$

¿Cuál fue el error cometido? ¿Cuál debe ser la respuesta correcta?

 ¡Ponte la gorra de pensar!

 Práctica avanzada

Resuelve. Usa cualquier estrategia.

1. Un adhesivo cuesta 15¢ y un paquete de 8 adhesivos iguales cuesta $1. Clemente compra 37 adhesivos. ¿Cuál es la menor cantidad de dinero que gasta Clemente en los adhesivos?

2. Cuarenta miembros de una organización de padres están haciendo velas para recaudar dinero. Uno de los miembros se retira y el resto tiene que hacer 3 velas más cada uno para compensar. Cada miembro hace la misma cantidad de velas. ¿Cuántas velas hacen en total?

Resuelve. Usa cualquier estrategia.

3. El señor Thomas instala postes a igual distancia entre sí, para cercar un terreno de un extremo al otro. Hay 27 postes. El ancho de cada poste es de 10 centímetros. La distancia entre dos postes es 30 metros. Halla la longitud de la cerca.

4. Kirsten tiene 64 monedas en su alcancía. Tiene $9.25 en monedas de 10¢ y en monedas de 25¢. ¿Cuántas monedas de 10¢ y de 25¢ tiene?

 ¡Ponte la gorra de pensar!

 Resolución de problemas

Resuelve. Usa cualquier estrategia.

1. Darcy, Jason y María se reparten $268. Jason tiene $20 más que Darcy y María tiene el doble de dinero que Jason. ¿Cuánto dinero tienen Darcy y Jason en total?

2. Juan y Rachel tienen la misma cantidad de canicas. Rachel regala 10 canicas y Juan regala 22 canicas. Rachel entonces tiene 3 veces más canicas que Juan. ¿Cuántas canicas tenía cada uno al principio?

Resuelve. Usa cualquier estrategia.

3. Gerry tenía un total de 30 bolígrafos y lápices. Decidió cambiar con sus amigos todos sus bolígrafos por lápices. Si cambió cada bolígrafo por 2 lápices, tendría 48 lápices en total. ¿Cuántos bolígrafos y cuántos lápices tenía antes de hacer el cambio?

Nombre: _____   **Fecha:** _____

Repaso acumulativo
de los Capítulos 1 y 2

Conceptos y destrezas

Escribe cada número en forma normal. *(Lección 1.1)*

1. Cien mil setenta _____

2. Quinientos sesenta mil _____

3. Cinco millones ochenta mil cinco _____

4. Dos millones cuatrocientos mil setecientos veinte _____

Escribe cada número en palabras. *(Lección 1.1)*

5. 120,450 _____

_____

6. 500,312 _____

_____

7. 1,050,400 _____

_____

8. 5,732,800 _____

_____

Completa. *(Lección 1.2)*

En 1,238,906:

9. el dígito 8 representa _____.

10. el dígito 9 representa _____.

11. el dígito 1 representa _____.

Indica el valor del dígito 3 en cada número. *(Lección 1.2)*

12. 5**3**8,426: _____   **13.** 1,**3**25,407: _____

Completa. *(Lección 1.2)*

14. En 807,456, el dígito _____ está en el lugar de los millares.

15. En 5,486,302, el dígito _____ está en el lugar de los millones.

16. In 305,128, el dígito 0 en el lugar de las _____.

17. En 7,614,892, el dígito 6 está en el lugar de las _____.

18. 918,230 = _____ + 10,000 + 8,000 + 200 + 30

19. 538,417 = 500,000 + _____ + 8,000 + 400 + 10 + 7

20. 6,000,000 + 30,000 + 90 = _____

Escribe > o < en cada ◯ **.** *(Lección 1.3)*

21. 185,263 ◯ 183,256   **22.** 5,060,345 ◯ 995,863

23. 899,506 ◯ 900,650   **24.** 231,623 ◯ 231,621

Ordena los números de mayor a menor. *(Lección 1.3)*

25. 528,010 1,280,500 258,100 528,100

_____

Halla la regla. Luego, completa el patrón de números. *(Lección 1.3)*

26. 276,300 286,300 296,300 _____ _____

La regla es: _____

Estima redondeando. *(Lección 1.4)*

27. $7,512 + 3,281$ _____

28. $6,528 - 5,938$ _____

29. $1,592 \times 5$ _____

30. $2,576 \div 3$ _____

Estima usando la estimación por la izquierda con aproximación. *(Lección 1.4)*

31. $4,087 + 3,910 + 9,125$

Estima usando la estimación por la izquierda con aproximación. *(Lección 1.4)*

32. $\quad$ 8,685 + 6,319 + 7,752

33. $\quad$ 5,879 − 1,143

34. $\quad$ 7,974 − 2,660

Completa. Recuerda escribir las unidades correctas en tus respuestas. Usa tu calculadora cuando sea necesario. *(Lección 2.1)*

35. $\quad$ Halla el área de un cuadrado cuyos lados tienen 96 pulgadas de longitud.

_____

36. $\quad$ La señora Suárez tiene $5,651. El señor Gómez tiene $853 más que la señora Suárez. ¿Cuánto tiene el señor Gómez?

_____

Completa. Recuerda escribir las unidades correctas en tus respuestas.
Usa tu calculadora cuando sea necesario. *(Lección 2.1)*

37. Hay 176 galones de gasolina en el tanque A. Hay 19 galones de gasolina menos en el Tanque B. ¿Cuántos galones de gasolina hay en el tanque B?

_____

38. Se carga un camión con 25 guacales iguales. El peso total de los guacales es 2,000 libras. ¿Cuánto pesa cada guacal?

_____

Multiplica. *(Lección 2.2)*

39. $315 \times 10 =$ _____

40. $25 \times 100 =$ _____

41. $238 \times 1,000 =$ _____

42. $147 \times 50 =$ _____

43. $63 \times 200 =$ _____

44. $906 \times 7,000 =$ _____

Estima redondeando. *(Lección 2.2)*

45. $41 \times 58 =$ _____

46. $297 \times 32 =$ _____

47. $1,087 \times 21 =$ _____

48. $4,975 \times 78 =$ _____

Multiplica. *(Lección 2.3)*

49. $19 \times 10^2 =$ _____

50. $186 \times 10^2 =$ _____

51. $65 \times 10^3 =$ _____

52. $154 \times 10^3 =$ _____

Multiplica. Estima para comprobar que tus respuestas sean razonables. *(Lección 2.4)*

53. $82 \times 45 =$ _____

54. $78 \times 21 =$ _____

55. $275 \times 59 =$ _____

56. $738 \times 96 =$ _____

Multiplica. Estima para comprobar que tus respuestas sean razonables. *(Lección 2.4)*

57. $4{,}672 \times 73 =$ _____

58. $8{,}781 \times 26 =$ _____

Divide. *(Lección 2.5)*

59. $3{,}560 \div 10 =$ _____

60. $1{,}900 \div 100 =$ _____

61. $17{,}000 \div 1{,}000 =$ _____

62. $900 \div 60 =$ _____

63. $96{,}000 \div 400 =$ _____

64. $504{,}000 \div 9{,}000 =$ _____

Estima. *(Lección 2.5)*

65. 4,593 ÷ 53 _____

66. 6,298 ÷ 164 _____

67. 7,623 ÷ 4,451 _____

68. 4,239 ÷ 73 _____

Divide. *(Lección 2.6)*

69. 96 ÷ 16 = _____ **70.** 57 ÷ 23 = _____

71. 459 ÷ 27 = _____ **72.** 503 ÷ 15 = _____

Simplifica. *(Lección 2.7)*

73. $60 + 12 - 36 =$ _____

74. $10 \times 9 \div 3 =$ _____

75. $29 + 42 \div 6 =$ _____

76. $(90 - 85) \times 7 =$ _____

77. $50 \times 8 + 12 \div 4 =$ _____

78. $69 \div 3 - 3 + 10 =$ _____

Evalúa. *(Lección 2.7)*

79. $56 + \{12 - [18 - (3 + 9)]\} =$ _____

80. $100 \div (20 + 5) + [(18 - 3) \times 4] =$ _____

Resolución de problemas

Resuelve. Muestra el proceso.

81. Tony tenía el mismo número de barras de arándanos y de nueces. Regaló 66 barras de arándanos. Ahora le quedan 4 veces más barras de nueces que de arándanos. ¿Cuántas barras tenía al principio?

Resuelve. Muestra el proceso.

82. Al principio, la señora Turner tenía 20 yardas de tela. Hizo 5 cortinas iguales. Ella usó 3 yardas de tela para hacer cada cortina. Luego usó otras 2 yardas de tela para hacer una funda de cojín. ¿Cuánta tela le queda?

83. En una feria escolar, una clase de quinto grado vendió 25 litros de jugo de naranja. El jugo de naranja se vendió en vasos con capacidad para 200 mililitros y 300 mililitros. Se vendió la misma cantidad de vasos de 200 mililitros que de 300 mililitros. ¿Cuántos vasos de jugo de naranja vendió la clase?

Nombre: _____   Fecha: _____

Resuelve. Muestra el proceso.

84.   Mikhail usó 220 pulgadas de alambre para hacer esta figura.

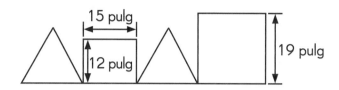

La figura está formada por dos triángulos idénticos, un rectángulo de
15 pulgadas por 12 pulgadas y un cuadrado de 19 pulgadas de lado.
¿Cuál es la longitud de un lado de cada triángulo si todos los lados de
los triángulos tienen la misma longitud?

85.   La dueña de una tienda compró 260 bolsos a 5 por $25. Luego
los vendió todos a 2 bolsos por $18. ¿Cuánto dinero ganó?

Resuelve. Muestra el proceso.

86. Alan obtuvo una calificación total de 14 puntos por responder todas las 15 preguntas en un examen de matemáticas. Por cada pregunta que respondió correctamente, Alan obtuvo 2 puntos. Por cada respuesta incorrecta, perdió 2 puntos. ¿Cuántas preguntas contestó correctamente?

87. Betty y Luis compran la misma cantidad de alimento granulado para peces. Si Betty alimenta a sus peces con 14 granos cada día, el recipiente de alimento le dura 20 días. Si Luis alimenta a sus peces con 8 granos cada día, ¿cuántos días más le dura el recipiente de alimento a Luis?

Resuelve. Muestra el proceso.

88. Juan puede recoger 9 libras de fresas en una hora.

a. ¿Cuánto tiempo le tomará recoger 72 libras de fresas?

b. A Juan le pagan $12 por hora. ¿Cuánto gana Juan si recoge el doble del peso total de las fresas en **a.**?

89. En la escuela Washington hay 2,488 estudiantes. En la escuela Kent hay 160 estudiantes más. El número de estudiantes de la escuela Bellow es la mitad del número total de estudiantes de las escuelas Washington y Kent. ¿Cuántos estudiantes hay en la escuela Bellow?

Resuelve. Muestra el proceso.

90. Yazmín mezcla 1,250 mililitros de jarabe con el doble de agua para hacer limonada. Luego vierte igual cantidad de limonada en 15 vasos. ¿Cuánta limonada contiene cada vaso? Da tu respuesta en mililitros.

Capítulo 3 Fracciones y números mixtos

Práctica 1   Sumar fracciones no semejantes

Hallar dos fracciones equivalentes para cada fracción.

> *Ejemplo*
>
> $\frac{2}{3} = \frac{4}{6} = \frac{6}{9}$

1. $\frac{3}{4} = $ _____ $=$ _____

2. $\frac{2}{5} = $ _____ $=$ _____

3. $\frac{5}{6} = $ _____ $=$ _____

4. $\frac{1}{7} = $ _____ $=$ _____

Escribe cada fracción en su mínima expresión.

5. $\frac{6}{8} = $ _____

6. $\frac{8}{20} = $ _____

7. $\frac{10}{15} = $ _____

8. $\frac{9}{21} = $ _____

Escribe cada par de fracciones no semejantes en forma de fracciones semejantes.

$$\frac{1}{2} = \frac{2}{4} \qquad \frac{1}{4} = \frac{1}{4}$$

9. $\frac{1}{4} =$ _____ $\frac{5}{12} =$ _____ **10.** $\frac{1}{10} =$ _____ $\frac{2}{5} =$ _____

11. $\frac{5}{9} =$ _____ $\frac{2}{3} =$ _____ **12.** $\frac{3}{8} =$ _____ $\frac{9}{16} =$ _____

Escribe fracciones equivalentes para cada fracción. Luego halla el mínimo común denominador de las fracciones.

Ejemplo

$$\frac{1}{2} = \frac{2}{4} = \frac{3}{6}$$

$$\frac{2}{3} = \frac{4}{6}$$

El mínimo común denominador

es ____6____.

13. $\frac{2}{3} =$

$\frac{3}{4} =$

El mínimo común denominador

es _____.

14. $\frac{1}{4} =$

$\frac{5}{6} =$

El mínimo común denominador

es _____.

15. $\frac{5}{6} =$

$\frac{3}{8} =$

El mínimo común denominador

es _____.

Sombrea y rotula cada modelo para hallar las fracciones. Luego completa el enunciado de suma.

— *Ejemplo* —

$\frac{1}{2}$, $\frac{1}{3}$

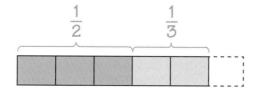

Halla los múltiplos de 2 y 3. Elige el mínimo común múltiplo. Úsalo para expresar $\frac{1}{2}$ y $\frac{1}{3}$ en forma de fracciones semejantes.

$\frac{1}{2} + \frac{1}{3} = \underline{\dfrac{3}{6}} + \underline{\dfrac{2}{6}}$

$= \underline{\dfrac{5}{6}}$

16. $\frac{1}{5}$, $\frac{1}{2}$

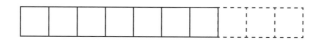

$\frac{1}{5} + \frac{1}{2} = \underline{\qquad} + \underline{\qquad}$

$= \underline{\qquad}$

Sombrea y rotula cada modelo para hallar las fracciones. Luego completa el enunciado de suma.

17. $\frac{1}{6}, \frac{1}{4}$

$\dfrac{1}{6} + \dfrac{1}{4} =$ _____ $+$ _____

$=$ _____

18. $\frac{1}{5}, \frac{2}{3}$

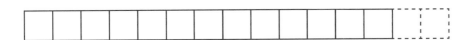

$\dfrac{1}{5} + \dfrac{2}{3} =$ _____ $+$ _____

$=$ _____

Observa el modelo. Escribe dos enunciados de suma.

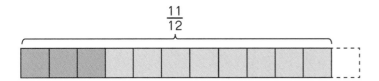

19. Enunciado de suma 1:

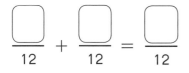

$$\frac{\boxed{}}{12} + \frac{\boxed{}}{12} = \frac{\boxed{}}{12}$$

20. Enunciado de suma 2 (fracciones en su mínima expresión):

$$\underline{\hspace{2cm}} + \underline{\hspace{2cm}} = \underline{\hspace{2cm}}$$

Suma. Escribe cada respuesta en su mínima expresión.

21. $\dfrac{1}{3} + \dfrac{1}{9} =$

22. $\dfrac{5}{8} + \dfrac{2}{4} =$

23. $\dfrac{1}{2} + \dfrac{6}{7} =$

24. $\dfrac{4}{8} + \dfrac{1}{5} =$

Usa puntos de referencia para estimar cada suma.

Ejemplo

$\dfrac{1}{3} + \dfrac{4}{7}$

$\dfrac{1}{3}$ se aproxima a $\dfrac{1}{2}$.

$\dfrac{4}{7}$ se aproxima a $\dfrac{1}{2}$.

$\dfrac{1}{3} + \dfrac{4}{7}$

$\rightarrow \dfrac{1}{2} + \dfrac{1}{2} = 1$

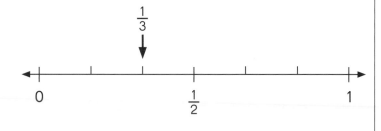

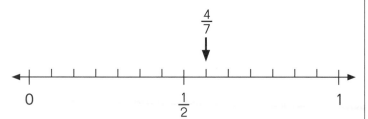

$\dfrac{1}{3} + \dfrac{4}{7}$ se aproxima a 1.

25. $\dfrac{2}{3} + \dfrac{2}{9}$

26. $\dfrac{7}{9} + \dfrac{1}{7} + \dfrac{3}{5}$

Práctica 2   Restar fracciones no semejantes

Escribe las fracciones en forma de fracciones semejantes y completa el enunciado de resta.

Ejemplo

$$\frac{1}{2} = \frac{3}{6} \qquad \frac{1}{3} = \frac{2}{6}$$

¿Cuál es el mínimo común múltiplo de 2 y 3?

$$\frac{1}{2} = \boxed{\frac{3}{6}}$$

$$\frac{1}{3} = \boxed{\frac{2}{6}}$$

$$\frac{1}{2} - \frac{1}{3} = \underline{\quad \frac{3}{6} \quad} - \underline{\quad \frac{2}{6} \quad}$$

$$= \underline{\quad \frac{1}{6} \quad}$$

Escribe las fracciones en forma de fracciones semejantes y completa el enunciado de resta.

1.

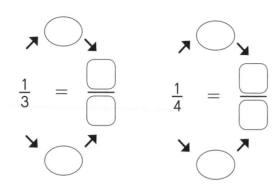

$$\frac{1}{3} = \boxed{}$$

$$\frac{1}{4} = \boxed{}$$

$$\frac{1}{3} - \frac{1}{4} = \underline{\hphantom{0000}} - \underline{\hphantom{0000}}$$

$$= \underline{\hphantom{0000}}$$

Resta. Escribe cada diferencia en su mínima expresión.

2. $\quad \dfrac{7}{12} - \dfrac{2}{4} =$

3. $\quad \dfrac{4}{5} - \dfrac{1}{3} =$

4. $\quad 1 - \dfrac{5}{6} - \dfrac{1}{12} =$

5. $\quad \dfrac{7}{9} - \dfrac{1}{6} =$

Usa puntos de referencia para estimar cada diferencia.

Ejemplo

$\frac{4}{5} - \frac{3}{8}$

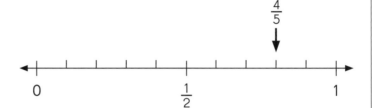

$\frac{4}{5}$ se aproxima a 1.

$\frac{3}{8}$ se aproxima a $\frac{1}{2}$.

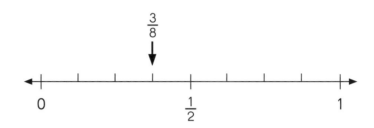

$\frac{4}{5} - \frac{3}{8}$

$\rightarrow 1 - \frac{1}{2} = \frac{1}{2}$

$\frac{4}{5} - \frac{3}{8}$ se aproxima a $\frac{1}{2}$.

6. $\quad \frac{9}{10} - \frac{1}{6}$

7. $\quad \frac{5}{12} - \frac{1}{9}$

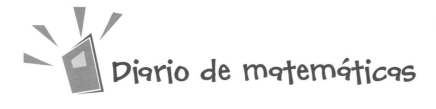

Diario de matemáticas

Darren hizo un modelo para hallar $\frac{4}{5} - \frac{1}{2}$, pero lo hizo incorrectamente. Explica sus errores. Luego haz el modelo correcto y halla la diferencia.

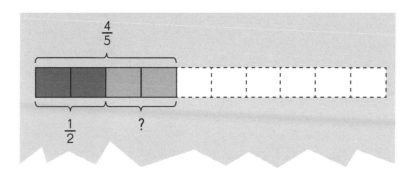

El modelo de Darren está mal porque:

El modelo correcto es:

Práctica 3   Fracciones, números mixtos y expresiones de división

Observa el diagrama. Completa.

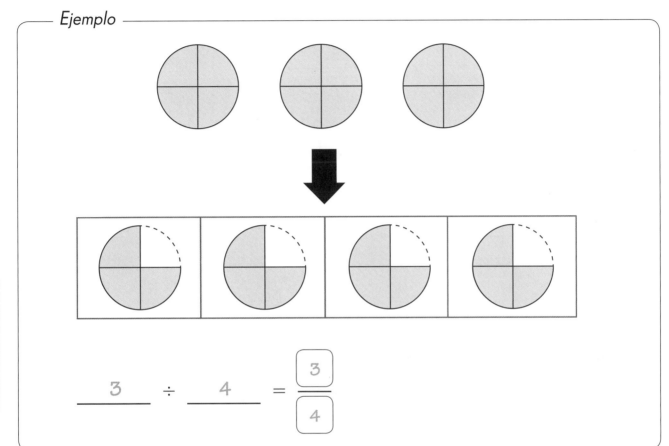

Ejemplo

$$\underline{\quad 3 \quad} \div \underline{\quad 4 \quad} = \dfrac{3}{4}$$

1.

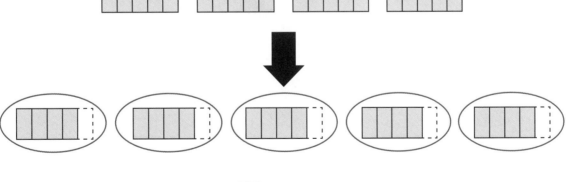

$$\underline{\qquad\qquad} \div \underline{\qquad\qquad} = \dfrac{}{}$$

Escribe cada expresión de división en forma de fracción.

2.

$$5 \div 7 = \dfrac{\boxed{}}{\boxed{}}$$

3.

$$3 \div 10 = \dfrac{\boxed{}}{\boxed{}}$$

4.

$$4 \div 9 = \dfrac{\boxed{}}{\boxed{}}$$

5.

$$2 \div 11 = \dfrac{\boxed{}}{\boxed{}}$$

Escribe cada fracción en forma de expresión de división.

> *Ejemplo*
>
> $$\dfrac{7}{8} = \underline{\quad 7 \quad} \div \underline{\quad 8 \quad}$$

6. $\quad \dfrac{5}{12} = \underline{\hspace{2cm}} \div \underline{\hspace{2cm}}$

7. $\quad \dfrac{1}{10} = \underline{\hspace{2cm}} \div \underline{\hspace{2cm}}$

8. $\quad \dfrac{6}{7} = \underline{\hspace{2cm}} \div \underline{\hspace{2cm}}$

Observa el diagrama. Completa.

> *Ejemplo*
>
>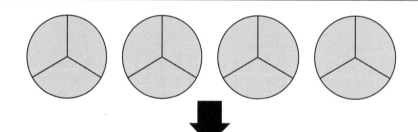
>
> $$\underline{\quad 4 \quad} \div \underline{\quad 3 \quad} = \dfrac{\boxed{4}}{\boxed{3}} = \boxed{1}\dfrac{\boxed{1}}{\boxed{3}}$$

Nombre: _____ **Fecha:** _____

Observa el diagrama. Completa.

9.

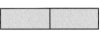 

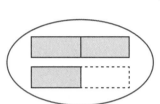   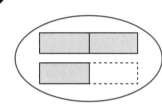

$$\underline{\hspace{2cm}} \div \underline{\hspace{2cm}} = \dfrac{\Box}{\Box} = \Box\dfrac{\Box}{\Box}$$

Completa.

10.

$$7 \div 4 = \dfrac{\Box}{\Box}$$

$$= \dfrac{\Box}{\Box} + \dfrac{\Box}{\Box}$$

$$= 1 + \dfrac{\Box}{\Box}$$

$$= \Box\dfrac{\Box}{\Box}$$

11.

$$35 \div 11 = \dfrac{\Box}{\Box}$$

$$= \dfrac{\Box}{\Box} + \dfrac{\Box}{\Box}$$

$$= 3 + \dfrac{\Box}{\Box}$$

$$= \Box\dfrac{\Box}{\Box}$$

Divide. Expresa cada cociente en forma de número mixto.

Ejemplo

$$5 \div 3 = 1\frac{2}{3}$$

$$\begin{array}{r} 1 \\ 3\overline{\smash{)}5} \\ \underline{3} \\ 2 \end{array}$$

12.

$$7 \div 2 = 3\frac{\square}{\square}$$

13.

$$9 \div 4 = 2\frac{\square}{\square}$$

14.

$$18 \div 5 = 3\frac{\square}{\square}$$

Escribe cada fracción en su mínima expresión. Luego divide para expresar cada cociente en forma de número mixto.

15.

$$18 \div 4 = \frac{\square}{\square}$$

$$= \frac{\square}{\square}$$

$$= \square\frac{\square}{\square}$$

16.

$$22 \div 6 = \frac{\square}{\square}$$

$$= \frac{\square}{\square}$$

$$= \square\frac{\square}{\square}$$

Práctica 4   Escribir fracciones, expresiones de división y números mixtos en forma de decimal

Escribe cada fracción en forma de decimal.

Ejemplo

$\dfrac{3}{5} = \dfrac{6}{10}$

$= 0.6$

1. $\dfrac{13}{20} =$ _____

$=$ _____

2. $\dfrac{19}{25} =$ _____

$=$ _____

3. $\dfrac{47}{50} =$ _____

$=$ _____

Escribe cada expresión de división en forma de número mixto en su mínima expresión y en forma de decimal.

	Expresión de división	Escribe la expresión de división en forma de	
		número mixto	decimal
4.	$7 \div 2$		
5.	$9 \div 4$		
6.	$21 \div 5$		
7.	$101 \div 25$		

Escribe cada fracción impropia en forma de decimal.

Ejemplo

$$\frac{3}{2} = \frac{2}{2} + \frac{1}{2}$$
$$= 1 + \frac{1}{2}$$
$$= 1 + 0.5$$
$$= 1.5$$

8. $\frac{22}{5}$

9. $\frac{47}{20}$

10. $\frac{32}{25}$

Resuelve. Muestra el proceso.

11. Se corta una soga de 603 pies de largo en 25 partes iguales. ¿Cuál es la longitud de cada parte? Expresa tu respuesta en forma de número mixto y en forma de decimal.

Nombre: _____ **Fecha:** _____

Práctica 5   Sumar números mixtos

Suma. Escribe cada suma en su mínima expresión.

Ejemplo

$3\dfrac{5}{8} \; + \; 2\dfrac{1}{4}$

$= 3\,\dfrac{\boxed{5}}{\boxed{8}} + 2\,\dfrac{\boxed{2}}{\boxed{8}}$

$= 5\,\dfrac{\boxed{7}}{\boxed{8}}$

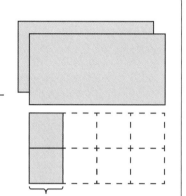

$\dfrac{5}{8}$ $+$ $\dfrac{1}{4}$

---

1. $1\dfrac{2}{3} \; + \; 2\dfrac{1}{4}$

$= 1\,\dfrac{\boxed{}}{\boxed{}} + 2\,\dfrac{\boxed{}}{\boxed{}}$

$= 3\,\dfrac{\boxed{}}{\boxed{}}$

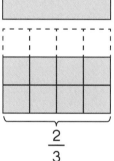
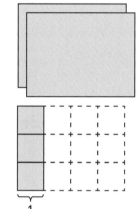

$\dfrac{2}{3}$ $\dfrac{1}{4}$

2. $2\dfrac{1}{5} \; + \; 3\dfrac{1}{2}$

$= 2\,\dfrac{\boxed{}}{\boxed{}} + 3\,\dfrac{\boxed{}}{\boxed{}}$

$= 5\,\dfrac{\boxed{}}{\boxed{}}$

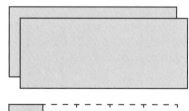
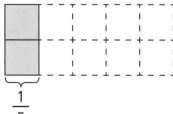
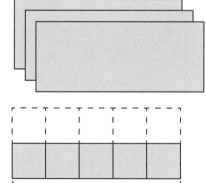

$\dfrac{1}{5}$ $\dfrac{1}{2}$

Suma. Escribe cada suma en su mínima expresión.

3. $3\frac{2}{7} + 2\frac{5}{14}$

4. $5\frac{7}{12} + 3\frac{1}{4}$

5. $4\frac{1}{15} + 1\frac{3}{10}$

6. $12\frac{1}{9} + 9\frac{5}{6}$

Suma. Escribe cada respuesta en su mínima expresión.

7. $1\frac{4}{5} + 2\frac{1}{3}$

$= 1\dfrac{\boxed{}}{\boxed{}} + 2\dfrac{\boxed{}}{\boxed{}}$

$= 3\dfrac{\boxed{}}{\boxed{}}$

$= 4\dfrac{\boxed{}}{\boxed{}}$

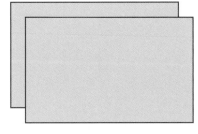
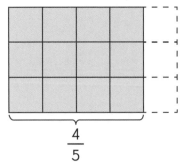
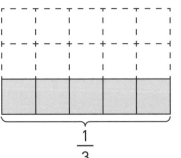

$\dfrac{4}{5}$ $+$ $\dfrac{1}{3}$

Suma. Escribe cada suma en su mínima expresión.

8. $3\frac{5}{12} + 1\frac{2}{3}$

$= 3\frac{\boxed{}}{\boxed{}} + 1\frac{\boxed{}}{\boxed{}}$

$= 4\frac{\boxed{}}{\boxed{}}$

$= 5\frac{\boxed{}}{\boxed{}}$

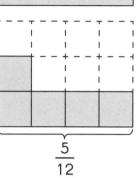
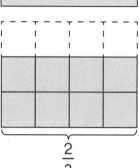

$+$

$\dfrac{5}{12}$

$\dfrac{2}{3}$

9. $2\frac{3}{4} + 3\frac{2}{5}$

10. $2\frac{5}{9} + 1\frac{5}{6}$

11. $7\frac{8}{9} + 9\frac{5}{12}$

12. $5\frac{7}{12} + 1\frac{3}{4}$

Usa puntos de referencia para estimar cada suma.

> **Ejemplo**
>
> $6\dfrac{3}{5} + 4\dfrac{5}{6}$
>
> $\dfrac{3}{5}$ se aproxima a $\dfrac{1}{2}$.
>
> Entonces, $6\dfrac{3}{5}$ se aproxima a $6\dfrac{1}{2}$.
>
>
>
> $\dfrac{5}{6}$ se aproxima a 1.
>
> Entonces, $4\dfrac{5}{6}$ se aproxima a 5.
>
>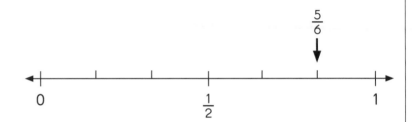
>
> $6\dfrac{3}{5} + 4\dfrac{5}{6}$
>
> $\rightarrow 6\dfrac{1}{2} + 5 = 11\dfrac{1}{2}$
>
> $6\dfrac{3}{5} + 4\dfrac{5}{6}$ se aproxima a $11\dfrac{1}{2}$.

13. $9\dfrac{6}{7} + 7\dfrac{5}{12}$

14. $4\dfrac{7}{12} + 10\dfrac{1}{9}$

Práctica 6   Restar números mixtos

Resta. Escribe cada diferencia en su mínima expresión.

Ejemplo

$3\dfrac{2}{3} - \dfrac{5}{12}$

$= 3\dfrac{\boxed{8}}{\boxed{12}} - \dfrac{5}{12}$

$= 3\dfrac{\boxed{3}}{\boxed{12}}$

$= 3\dfrac{\boxed{1}}{\boxed{4}}$

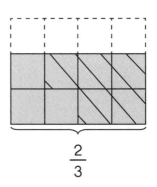

$\dfrac{2}{3}$

---

1. $4\dfrac{8}{9} - 3\dfrac{1}{3}$

$= 4\dfrac{8}{9} - 3\dfrac{\boxed{}}{\boxed{}}$

$= 1\dfrac{\boxed{}}{\boxed{}}$

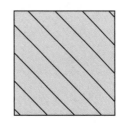
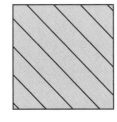
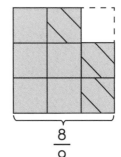

$\dfrac{8}{9}$

Resta. Escribe cada diferencia en su mínima expresión.

2.　　$3\dfrac{7}{12} \;-\; 2\dfrac{3}{8}$

 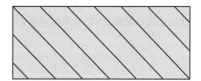

$= 3\dfrac{\boxed{}}{\boxed{}} \;-\; 2\dfrac{\boxed{}}{\boxed{}}$

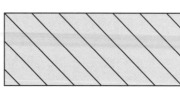 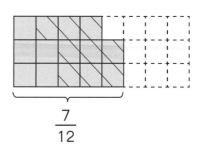

$= 1\dfrac{\boxed{}}{\boxed{}}$

$\dfrac{7}{12}$

3.　　$3\dfrac{5}{9} \;-\; 1\dfrac{1}{2}$

4.　　$7\dfrac{5}{6} \;-\; 2\dfrac{1}{4}$

Resta. Escribe cada diferencia en forma de número mixto.

5.　　$3\dfrac{1}{4} \;-\; 1\dfrac{7}{8}$

 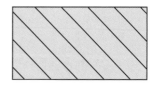

$= 3\dfrac{\boxed{}}{\boxed{}} \;-\; 1\dfrac{7}{8}$

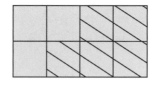 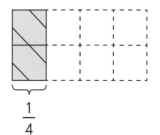

$= \boxed{}\dfrac{\boxed{}}{\boxed{}} \;-\; \boxed{}\dfrac{\boxed{}}{\boxed{}}$

$\dfrac{1}{4}$

$= \boxed{}\dfrac{\boxed{}}{\boxed{}}$

Resta. Escribe cada diferencia en forma de número mixto.

6. $5\dfrac{1}{3} - 3\dfrac{5}{12}$

$= 5\dfrac{\boxed{}}{\boxed{}} - 3\dfrac{5}{12}$

$= \boxed{}\dfrac{\boxed{}}{\boxed{}} - \boxed{}\dfrac{\boxed{}}{\boxed{}}$

$= \boxed{}\dfrac{\boxed{}}{\boxed{}}$

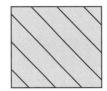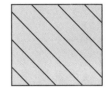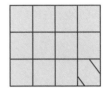

$\dfrac{1}{3}$

7. $4\dfrac{1}{5} - 1\dfrac{1}{3}$

8. $6\dfrac{3}{8} - 3\dfrac{5}{6}$

9. $7\dfrac{1}{4} - 5\dfrac{11}{12}$

10. $8\dfrac{1}{3} - 4\dfrac{3}{4}$

Usa puntos de referencia para estimar cada diferencia.

Ejemplo

$$7\frac{2}{9} - 6\frac{5}{12}$$

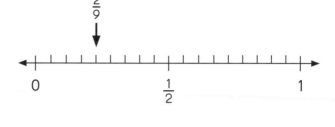

$\frac{2}{9}$ se aproxima a 0.

Entonces, $7\frac{2}{9}$
se aproxima a 7.

$\frac{5}{12}$ se aproxima a $\frac{1}{2}$.

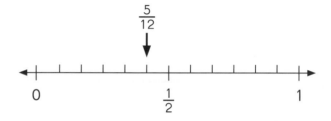

Entonces, $6\frac{5}{12}$
se aproxima a $6\frac{1}{2}$.

$$7\frac{2}{9} - 6\frac{5}{12}$$

$$\rightarrow 7 - 6\frac{1}{2} = \frac{1}{2}$$

$7\frac{2}{9} - 6\frac{5}{12}$ se aproxima a $\frac{1}{2}$.

---

11. $\quad 12\frac{2}{5} - 8\frac{7}{12}$

12. $\quad 20\frac{1}{8} - 5\frac{3}{9}$

Práctica 7   Problemas cotidianos: Fracciones y números mixtos

Resuelve. Muestra el proceso.

1. Elena tiene 12 rodajas de pan de plátano. Da una cantidad igual de pan de plátano a 5 amigos. ¿Cuántas rodajas de pan de plátano le dio a cada amigo?

2. Una factura de servicios muestra que en una casa se usaron 2,001 galones de agua en un período de 5 días. ¿Cuál es la cantidad promedio de agua que se usó por día en esa casa?

3. Un ovillo de cuerda mide 50 yardas de largo. Un despachador usa 5 yardas de cuerda para atar paquetes. Luego corta la cuerda restante en 7 partes iguales. ¿Cuál es la longitud de cada uno de los pedazos de cuerda?

Resuelve. Muestra el proceso.

4. Steve toma 55 libras de peras y las empaca en cantidades iguales en 6 bolsas. Después de empacarlas le quedan 4 libras de peras. ¿Cuánto pesa cada bolsa de peras?

5. Jeremy coloca un recipiente vacío debajo de una llave que gotea. En la primera hora, se acumulan $\frac{3}{8}$ de cuarto de agua. En la segunda hora, se acumula $\frac{1}{6}$ de cuarto de agua. ¿Cuánta agua se acumula en el recipiente en las dos horas?

Resuelve. Muestra el proceso.

6. Arnold compra $\frac{8}{9}$ de libra de pavo molido. Usa $\frac{3}{4}$ de libra del pavo molido para hacer albóndigas. ¿Cuántas libras de pavo molido le quedan?

7. En el fondo de un pozo hay un caracol. Durante los primeros 10 minutos, el caracol sube $23\frac{7}{12}$ pulgadas. Durante los siguientes 10 minutos, sube $19\frac{5}{6}$ pulgadas. ¿A qué distancia del fondo del pozo está el caracol después de 20 minutos?

Resuelve. Muestra el proceso.

8. Johnny está trotando en una pista. Ya ha trotado $1\frac{2}{3}$ milla. Planea trotar un total de $3\frac{1}{4}$ millas. ¿Cuántas millas le quedan por trotar?

Práctica 8   Problemas cotidianos: Fracciones y números mixtos

Resuelve. Muestra el proceso.

1.   Susanne y Barry compran cada uno 4 roscas de igual tamaño.
Dividen las roscas en partes iguales entre ellos y otros 3 amigos.
¿Cuántas roscas recibe cada persona?

2.   Maya tiene 5 hojas de papel. Recorta cada hoja en 3 rectángulos
de igual tamaño. Se reparten los rectángulos equitativamente entre
6 estudiantes. ¿Cuántos rectángulos recibe cada estudiante?

Resuelve. Muestra el proceso.

3. La señora Quirk compra 1 cuarto de leche. Michael bebe $\frac{2}{7}$ de cuarto de leche. Joel bebe $\frac{1}{3}$ de cuarto de leche. ¿Cuántos cuartos de leche quedan?

Resuelve. Muestra el proceso.

4. Una granjera orgánica compra un terreno. Siembra tomates en $\dfrac{5}{9}$ del terreno y frijoles verdes en $\dfrac{1}{12}$ del terreno.

En el terreno restante siembra papas.

¿En qué fracción del terreno siembra papas?

Resuelve. Muestra el proceso.

5.   Un paquete contiene tres tipos de roscas: sencilla, de trigo y de ajonjolí.

Una rosca sencilla pesa $1\frac{2}{3}$ libras. Una rosca de trigo pesa $2\frac{5}{6}$ libras.

Los tres tipos de roscas tienen un peso total de 5 libras. ¿Cuánto pesan las roscas de ajonjolí?

Resuelve. Muestra el proceso.

6. Reggie y Jaya van a caminar todas las mañanas. Reggie camina $2\frac{1}{4}$ millas. Jaya camina $1\frac{3}{8}$ millas menos que Reggie. ¿Cuál es la distancia total que caminan cada mañana?

Resuelve. Muestra el proceso.

7. Alicia usa $\frac{3}{4}$ de galón de pintura para pintar su habitación. Rebeca usa $\frac{4}{5}$ de galón más que Alicia para pintar su habitación. ¿Cuántos galones de pintura usan en total?

Resuelve. Muestra el proceso.

8. Un mono trepa $3\frac{3}{5}$ pies por un cocotero que tiene una altura de 10 pies. Descansa un rato y trepa otros $4\frac{2}{3}$ pies por el árbol. ¿Cuántos pies más debe trepar el mono para llegar a la cima del árbol?

Diario de matemáticas

$$\frac{1}{8} + \frac{2}{3} = \ ?$$

Haz un modelo y explica los pasos que puedes seguir para sumar $\frac{2}{3}$ a $\frac{1}{8}$.

¡Ponte la gorra de pensar!

Práctica avanzada

Resuelve. Muestra el proceso.

Tina, Troy y Nate tenían un total de 25 fichas cuadradas de igual tamaño

para colocar sobre una cuadrícula. Tina usó $\frac{8}{25}$ de las fichas cuadradas.

Troy usó $\frac{1}{5}$ de las fichas cuadradas. Sombrea la cuadrícula que sigue para

ilustrar cómo podrían haber colocado Tina y Troy las fichas cuadradas.

¿En qué fracción de la cuadrícula debe colocar Nate las fichas para que

$\frac{1}{5}$ de la cuadrícula **no** quede cubierta?

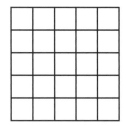

¡Ponte la gorra de pensar!

Resolución de problemas

Resuelve. Usa un modelo como ayuda.

Paul mezcla cemento con arena. Usa $3\frac{3}{4}$ kilogramos de cemento y $\frac{1}{2}$ kilogramos más de arena que de cemento. Necesita 10 kilogramos de mezcla. ¿Tiene suficiente mezcla? Si es así, ¿cuánta mezcla de más tiene? Si no, ¿cuánta mezcla más necesita?

Multiplicar y dividir fracciones y números mixtos

Práctica 1 Multiplicar fracciones propias

Completa.

1.

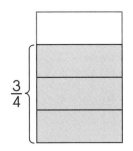

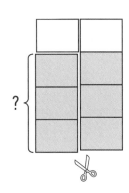

$\dfrac{1}{2}$ de $\dfrac{3}{4}$ = $\dfrac{\boxed{}}{\boxed{}}$ $\times$ $\dfrac{\boxed{}}{\boxed{}}$

= $\dfrac{\boxed{}}{\boxed{}}$

Multiplica. Expresa el producto en su mínima expresión.

2. $\dfrac{3}{8} \times \dfrac{1}{2} =$

3. $\dfrac{5}{12} \times \dfrac{7}{8} =$

Multiplica. Expresa el producto en su mínima expresión.

4. $\dfrac{2}{11} \times \dfrac{7}{12} =$

5. $\dfrac{3}{8} \times \dfrac{4}{9} =$

Completa. Expresa el producto en su mínima expresión.

6.

$\dfrac{1}{3}$ de $\dfrac{5}{8} = \dfrac{\boxed{}}{\boxed{}} \times \dfrac{\boxed{}}{\boxed{}}$

$= \dfrac{\boxed{}}{\boxed{}}$

7.

$\dfrac{2}{7}$ de $\dfrac{9}{11} = \dfrac{\boxed{}}{\boxed{}} \times \dfrac{\boxed{}}{\boxed{}}$

$= \dfrac{\boxed{}}{\boxed{}}$

8.

$\dfrac{2}{5}$ de $\dfrac{7}{10} = \dfrac{\boxed{}}{\boxed{}} \times \dfrac{\boxed{}}{\boxed{}}$

$= \dfrac{1}{\boxed{}} \times \dfrac{\boxed{}}{\boxed{}}$

$= \dfrac{1 \times \boxed{}}{\boxed{} \times \boxed{}}$

$= \dfrac{\boxed{}}{\boxed{}}$

9.

$\dfrac{3}{4}$ de $\dfrac{8}{9} = \dfrac{\boxed{}}{\boxed{}} \times \dfrac{\boxed{}}{\boxed{}}$

$= \dfrac{1}{\boxed{}} \times \dfrac{\boxed{}}{\boxed{}}$

$= \dfrac{1}{1} \times \dfrac{\boxed{}}{\boxed{}}$

$= \dfrac{\boxed{}}{\boxed{}}$

Práctica 2   Problemas cotidianos: Multiplicar con fracciones propias

Resuelve. Haz modelos como ayuda.

1. Lena tiene varios huevos en el refrigerador. Saca $\frac{3}{5}$ de los huevos para hacer panqueques y huevos revueltos. Usa $\frac{2}{3}$ de los huevos que sacó para hacer panqueques. ¿Qué fracción del número total de huevos usa Lena para hacer panqueques?

2. Dawn tiene $\frac{5}{6}$ de yarda de encaje. Usa $\frac{4}{5}$ para hacer un vestido y el resto para un joyero. ¿Cuánto encaje usa para el joyero?

Resuelve. Muestra el proceso.

3. Tasha terminó un trabajo en $\frac{3}{4}$ de hora. Megan lo terminó en $\frac{4}{5}$ del tiempo que le tomó a Tamara. ¿Cuánto tiempo tardó Megan en terminar el trabajo?

4. Lily tiene una botella que contiene $\frac{7}{8}$ de cuarto de leche. Vierte $\frac{4}{5}$ en un tazón. ¿Qué cantidad de leche vierte en el tazón?

5. Raúl corrió $\frac{3}{4}$ de milla en una carrera. Eduardo corrió $\frac{2}{7}$ de la distancia que corrió Raúl. ¿Qué distancia corrió Eduardo?

Resuelve. Haz modelos como ayuda

6. Jenny gasta $\frac{1}{6}$ de su salario y ahorra $\frac{2}{5}$ de la cantidad restante.

¿Qué fracción del total de su salario ahorra?

Resuelve. Haz modelos como ayuda.

7. $\frac{3}{4}$ de los miembros de la familia de Rod usan anteojos. De los que no usan anteojos, $\frac{1}{3}$ son hombres. ¿Qué fracción de personas en la familia son hombres que no usan anteojos?

Resuelve. Haz modelos como ayuda.

8.   Ned dobló un conjunto de figuras de origami. De este conjunto,
$\frac{5}{8}$ son grullas y $\frac{1}{6}$ de las que quedan son ranas. El resto son saltamontes.

¿Qué fracción de las figuras de origami son saltamontes?

Resuelve. Muestra el proceso.

9. En un jardín, $\frac{2}{3}$ de las flores son rosas. De las rosas en el jardín, $\frac{5}{12}$ son amarillas y las demás son rojas. ¿Qué fracción de las flores son rosas rojas?

10. Karen colecciona monedas locales y extranjeras. $\frac{1}{4}$ de su colección de monedas, son monedas extranjeras. De las monedas extranjeras, $\frac{2}{5}$ son de México. ¿Qué fracción de la colección son monedas extranjeras que no son de México?

Práctica 3 Multiplicar fracciones impropias por fracciones

Completa.

1.

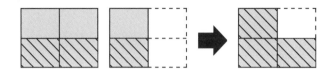

$$\frac{3}{2} \times \frac{1}{2} = \frac{\boxed{}}{\boxed{}}$$

2.

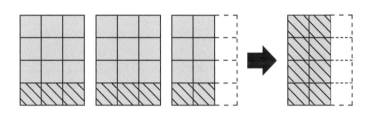

$$\frac{8}{3} \times \frac{1}{4} = \frac{\boxed{}}{\boxed{}}$$

Halla el producto.

3.

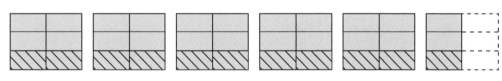

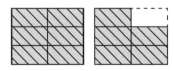

$$\frac{11}{2} \times \frac{1}{3} = \boxed{} \, \frac{\boxed{}}{\boxed{}}$$

Multiplica. Expresa el producto en su mínima expresión.

Ejemplo

$$\frac{4}{5} \times \frac{7}{6}$$

Método 1

$$\frac{4}{5} \times \frac{7}{6} = \frac{4 \div 2}{5} \times \frac{7}{6 \div 2}$$

$$= \frac{2}{5} \times \frac{7}{3}$$

$$= \frac{2 \times 7}{5 \times 3}$$

$$= \frac{14}{15}$$

Método 2

$$\frac{4}{5} \times \frac{7}{6} = \frac{4 \times 7}{5 \times 6}$$

$$= \frac{28}{30}$$

$$= \frac{28 \div 2}{30 \div 2}$$

$$= \frac{14}{15}$$

4. $\quad \dfrac{7}{4} \times \dfrac{1}{3} =$

5. $\quad \dfrac{9}{8} \times \dfrac{2}{7} =$

6. $\quad \dfrac{8}{3} \times \dfrac{3}{10} =$

7. $\quad \dfrac{15}{9} \times \dfrac{3}{20} =$

Multiplica. Expresa el producto como un número entero o como un número mixto en su mínima expresión.

> *Ejemplo*
>
> $$\frac{2}{5} \times \frac{15}{4}$$
>
> **Método 1**
>
> $$\frac{2}{5} \times \frac{15}{4} = \frac{2 \div 2}{5} \times \frac{15}{4 \div 2}$$
>
> $$= \frac{1}{5 \div 5} \times \frac{15 \div 5}{2}$$
>
> $$= \frac{1 \times 3}{1 \times 2}$$
>
> $$= \frac{3}{2}$$
>
> $$= 1\frac{1}{2}$$
>
> **Método 2**
>
> $$\frac{2}{5} \times \frac{15}{4} = \frac{2 \times 15}{5 \times 4}$$
>
> $$= \frac{30}{20}$$
>
> $$= \frac{3}{2}$$
>
> $$= 1\frac{1}{2}$$

8. $\dfrac{3}{4} \times \dfrac{8}{6} =$

9. $\dfrac{16}{7} \times \dfrac{21}{2} =$

10. $\dfrac{15}{12} \times \dfrac{8}{5} =$

11. $\dfrac{32}{9} \times \dfrac{36}{8} =$

Multiplica. Expresa el producto como un número entero o como un número mixto en su mínima expresión.

12. $\dfrac{7}{8} \times \dfrac{6}{5} =$

13. $\dfrac{11}{12} \times \dfrac{28}{3} =$

14. $\dfrac{21}{5} \times \dfrac{15}{6} =$

15. $\dfrac{25}{4} \times \dfrac{18}{10} =$

16. $\dfrac{30}{9} \times \dfrac{7}{2} =$

17. $\dfrac{14}{8} \times \dfrac{5}{3} =$

Práctica 4   Multiplicar números mixtos y números enteros

Completa.

1.

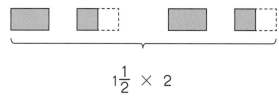

$$1\frac{1}{2} \times 2$$

$$1\frac{1}{2} \times 2 = \frac{\boxed{}}{\boxed{}} \times \boxed{}$$

$$= \boxed{}$$

2.

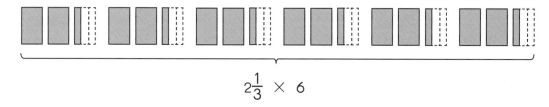

$$2\frac{1}{3} \times 6$$

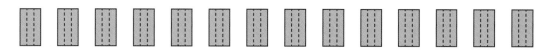

$$2\frac{1}{3} \times 6 = \frac{\boxed{}}{\boxed{}} \times \boxed{}$$

$$= \boxed{}$$

Multiplica. Expresa el producto como un número entero o como un número mixto en su mínima expresión.

Ejemplo

$$9 \times 2\frac{1}{3}$$

$$9 \times 2\frac{1}{3} = 9 \times \frac{7}{3}$$

$$= \frac{9 \times 7}{3}$$

$$= \frac{63}{3}$$

$$= 21$$

3. $\quad 4\frac{1}{5} \times 15 =$

4. $\quad 2\frac{3}{7} \times 28 =$

5. $\quad 24 \times 1\frac{5}{6} =$

6. $\quad 4\frac{1}{2} \times 18 =$

Multiplica. Expresa el producto como un número entero o como un número mixto en su mínima expresión.

7. $2\frac{3}{4} \times 16 =$

8. $32 \times 3\frac{1}{8} =$

Multiplica. Expresa el producto como un número entero o como un número mixto en su mínima expresión.

Ejemplo

$6 \times 2\frac{1}{5}$

$$6 \times 2\frac{1}{5} = 6 \times \frac{11}{5}$$

$$= \frac{66}{5}$$

$$= \frac{65}{5} + \frac{1}{5}$$

$$= 13 + \frac{1}{5}$$

$$= 13\frac{1}{5}$$

9. $4 \times 2\frac{7}{9} =$

10. $5 \times 2\frac{3}{7} =$

Multiplica. Expresa el producto como un número entero o como un número mixto en su mínima expresión.

11. $2\frac{1}{4} \times 7 =$

12. $1\frac{4}{5} \times 12 =$

13. $12 \times 2\frac{3}{8} =$

14. $26 \times 1\frac{1}{6} =$

Responde las preguntas.

15. ¿Es el producto de 6 por 10 mayor o menor que cada factor? Explica tu razonamiento.

16. ¿Es el producto de $\frac{2}{5}$ y 5 mayor o menor que $\frac{2}{5}$? Explica tu razonamiento.

Práctica 5   Problemas cotidianos: Multiplicar números mixtos

Resuelve. Muestra el proceso.

1.   En una fiesta, hay 8 invitados. Cada invitado se come $2\frac{1}{4}$ naranjas.

¿Cuántas naranjas se comen los 8 invitados?

1 invitado $\longrightarrow$ $2\frac{1}{4}$ naranjas

8 personas $\longrightarrow$ _____ $\times$ _____ naranjas

$=$ _____

Los 8 invitados se comen un total de _____ naranjas.

2.   Una libra de pollo cuesta \$3. Jim compra $8\frac{2}{3}$ libras de pollo.

¿Cuánto paga Jim por el pollo?

3.   Nolan practica piano $1\frac{2}{5}$ horas cada sábado y domingo. ¿Cuánto tiempo practica cada fin de semana? Expresa tu respuesta en horas y minutos.

Resuelve. Muestra el proceso.

4. Sue compra 5 pedazos de tela. Cada pedazo de tela mide $1\frac{7}{10}$ yardas de largo.

    a. ¿Cuál es la longitud total de la tela que compra?

    b. Una yarda de la tela cuesta $5. ¿Cuánto paga en total por los 5 pedazos de tela?

5. Ángela trabaja $1\frac{1}{2}$ horas al día y le pagan $7 por hora. Ella trabaja 5 días a la semana. ¿Cuánto gana Ángela en 7 semanas?

Práctica 6   Dividir fracciones y números enteros

Sombrea las partes del modelo para mostrar la expresión de división. Luego, completa.

Ejemplo

$\dfrac{1}{3}$ ÷ 2

$\dfrac{1}{3}$

$\dfrac{\boxed{1}}{\boxed{6}}$ está sombreado.

$\dfrac{1}{3}$ ÷ 2 = $\dfrac{1}{6}$

1. $\dfrac{1}{6}$ ÷ 3

$\dfrac{\boxed{}}{\boxed{}}$ está sombreado.

$\dfrac{1}{6}$ ÷ 3 = _____

Divide. Haz modelos como ayuda.

2. $\frac{4}{5} \div 2 =$

3. $\frac{6}{7} \div 3 =$

4. $\frac{3}{4} \div 2 =$

5. $\frac{2}{5} \div 3 =$

Divide. Expresa cada cociente en su mínima expresión.

6. $\frac{4}{5} \div 7 =$

7. $\frac{5}{8} \div 9 =$

8. $\frac{8}{9} \div 4 =$

9. $\frac{10}{11} \div 5 =$

Divide. Haz modelos como ayuda.

Ejemplo

$3 \div \dfrac{1}{5}$

| $\frac{1}{5}$ | $\frac{1}{5}$ | $\frac{1}{5}$ | $\frac{1}{5}$ | $\frac{1}{5}$ |

| $\frac{1}{5}$ | $\frac{1}{5}$ | $\frac{1}{5}$ | $\frac{1}{5}$ | $\frac{1}{5}$ |

| $\frac{1}{5}$ | $\frac{1}{5}$ | $\frac{1}{5}$ | $\frac{1}{5}$ | $\frac{1}{5}$ |

Entonces, $3 \div \dfrac{1}{5} = 3 \times 5$
$= 15$

10. $1 \div \dfrac{1}{4} =$ _____

11. $3 \div \dfrac{1}{3} =$ _____

12. $5 \div \dfrac{1}{8} =$ _____

13. $9 \div \dfrac{1}{6} =$ _____

Resuelve. Muestra el proceso.

14. El jardín del señor Chagall cubre $\frac{2}{5}$ de un acre de terreno. Divide el terreno en 4 secciones iguales. ¿A qué fracción de un acre equivale cada sección del jardín?

15. Gordon vierte de una jarra a 4 tazas iguales, $\frac{4}{9}$ de cuarto de leche.

    a. Halla la cantidad de leche en cada taza.

    b. Halla la cantidad de leche en 3 tazas.

Resuelve. Muestra tu proceso.

16.   Calvin compra $\frac{3}{5}$ de libra de carne molida. Divide la carne
en 6 partes iguales.

   a.   Halla el peso de 1 porción de carne.

   b.   Halla el peso de 4 porciones de carne.

17.   Devon compra una parcela con una área de $\frac{5}{6}$ de kilómetro cuadrado.
Divide el terreno en 4 parcelas más pequeñas del mismo tamaño.
¿Cuál es el área total de 3 de las parcelas más pequeñas?

Resuelve. Muestra el proceso.

18. Sandra tiene un lienzo que mide 5 pies de largo. Corta el lienzo en trozos que miden $\frac{1}{4}$ de pie de largo. ¿Cuántos trozos tendrá?

19. Aidan usa $\frac{1}{4}$ del agua de un balde para regar 1 planta. ¿Cuántas plantas puede regar Aidan con 3 baldes llenos?

20. La Sra. Carter necesita $\frac{1}{2}$ metro de tela para hacer una funda de almohada. ¿Cuántas fundas puede hacer con 5 metros de tela?

Práctica 7   Problemas cotidianos: Multiplicar y dividir con fracciones

Resuelve. Haz modelos como ayuda.

1. Evan escribió 72 páginas de notas en un día. Escribió $\frac{1}{2}$ de las páginas por la mañana y $\frac{1}{3}$ de las páginas por la tarde. Escribió el resto de las páginas por la noche. ¿Cuántas páginas de notas escribió por la mañana y por la tarde?

2. El sábado pasado, Jay se pasó 6 horas jugando, estudiando y hablando con sus amigos. Pasó $\frac{2}{5}$ del tiempo jugando y $\frac{1}{2}$ del tiempo estudiando. ¿Cuántos minutos pasó hablando con sus amigos?

Resuelve. Haz modelos como ayuda.

3.   Joanne gana $720 a la semana. Gasta $\frac{1}{3}$ de su dinero en comestibles y artículos para el hogar y $\frac{3}{4}$ del dinero restante en alquiler. ¿Cuánto dinero gasta en alquiler, comestibles y artículos para el hogar?

4. Durante un triatlón, Sharon nada $\frac{1}{4}$ del recorrido total y monta

en bicicleta $\frac{3}{5}$ del recorrido restante. Corre el resto del recorrido. Si corre

3,600 metros, ¿cuál es la distancia total del recorrido del triatlón?

Resuelve. Muestra el proceso.

5. Victoria tiene un paquete de 2 libras de harina. Usa $\frac{2}{5}$ de la harina para hacer una pizza. Luego, usa $\frac{3}{10}$ del resto de la harina para hacer pan. Halla el peso de la harina que le queda en el paquete. Expresa tu respuesta en forma de decimal.

Resuelve. Muestra el proceso.

6. Karen recoge $\frac{6}{7}$ de cuarto de agua de lluvia. Usa $\frac{1}{2}$ del agua para limpiar su bicicleta y usa el agua que le queda en partes iguales para regar 3 plantas. ¿Qué volumen de agua usa para cada planta?

7. Ricardo pasa $\frac{8}{9}$ de hora leyendo el periódico. Pasa $\frac{1}{4}$ del tiempo leyendo las noticias del mundo y divide el resto del tiempo en partes iguales entre las noticias de deportes y las tiras cómicas. ¿Cuánto tiempo pasa leyendo las tiras cómicas?

Resuelve. Muestra el proceso.

8. Un pie cuadrado de pared requiere $\frac{1}{8}$ de cuarto de pintura. Terrence tiene 7 cuartos de pintura, pero usa 2 cuartos para pintar una tubería. ¿Cuántos pies cuadrados de pared puede pintar con el resto de la pintura?

9. Mary tarda $\frac{1}{6}$ de hora en hacer una pulsera. Pasa 3 horas antes del almuerzo y 2 horas después del almuerzo haciendo pulseras. ¿Cuántas pulseras hace en total?

10. Clayton quiere ser músico. Una tarde, después de la escuela, pasa la mitad de su tiempo practicando la batería y $\frac{3}{4}$ del tiempo restante en sus tareas y la cena. Pasa el $\frac{3}{4}$ de hora que le queda hablando e intercambiando mensajes de texto con sus amigos. ¿Cuánto tiempo practicó la batería?

11. Julia pasa $\frac{5}{9}$ de sus vacaciones en un campamento de verano. Pasa $\frac{3}{4}$ del tiempo restante en casa de sus abuelos. Los 7 días que quedan los pasa en la playa con su familia. ¿Cuántos días de vacaciones tuvo en el verano?

Diario de matemáticas

Raquel hizo un modelo para resolver este problema:

Earl vierte $\frac{1}{3}$ de una botella de jugo en un vaso. Roberto vierte $\frac{1}{3}$ del residuo en su vaso. ¿Qué fracción de la botella de jugo queda?

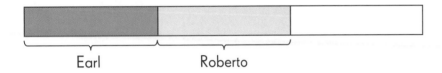

Earl   Roberto

$1 - \frac{1}{3} - \frac{1}{3} = \frac{1}{3}$

Queda $\frac{1}{3}$ de la botella de jugo.

¿Resolvió Raquel el problema correctamente? Explica.

 ¡Ponte la gorra de pensar!

 Práctica avanzada

Una profesora de arte tiene una caja de marcadores. Deja la mitad de los marcadores en la caja y le da $\frac{1}{3}$ de la otra mitad al grupo A. Reparte el resto de los marcadores equitativamente entre los 8 estudiantes del grupo B. ¿Qué fracción de toda la caja le corresponde a cada estudiante del grupo B?

¡Ponte la gorra de pensar!

Resolución de problemas

En el mercado de Mimí se vendieron 24 lechugas por la mañana. Por la tarde se vendieron $\frac{2}{7}$ de las lechugas restantes. El número de las lechugas que quedaron era $\frac{1}{2}$ de la cantidad que había al principio del día.

¿Cuántas lechugas había al principio del día?

Repaso acumulativo
de los Capítulos 3 y 4

Conceptos y destrezas

Sombrea y rotula el modelo para mostrar la suma de $\frac{1}{3}$ y $\frac{3}{5}$.
Luego completa el enunciado de suma. *(Lección 3.1)*

1.

$$\frac{1}{3} + \frac{3}{5} = \text{_____} + \text{_____}$$

$$= \text{_____}$$

Suma. Expresa cada suma en su mínima expresión. *(Lección 3.1)*

2. $\frac{3}{4} + \frac{1}{12} =$

3. $\frac{3}{5} + \frac{2}{7} =$

Estima cada suma usando los puntos de referencia 0, $\frac{1}{2}$ ó 1. *(Lección 3.1)*

4. $\dfrac{8}{9} + \dfrac{2}{5}$

5. $\dfrac{1}{8} + \dfrac{6}{7} + \dfrac{1}{6}$

Sombrea y rotula el modelo para mostrar la diferencia entre $\frac{4}{5}$ y $\frac{2}{3}$.
Luego completa el enunciado de resta. *(Lección 3.2)*

6.

$\dfrac{4}{5} - \dfrac{2}{3} =$ _____ $-$ _____

$=$ _____

Resta. Expresa cada diferencia en su mínima expresión. *(Lección 3.2)*

7. $\dfrac{3}{4} - \dfrac{1}{12} =$

8. $\dfrac{3}{5} - \dfrac{3}{9} =$

Estima cada diferencia usando los puntos de referencia 0, $\frac{1}{2}$ ó 1. *(Lección 3.2)*

9. $\dfrac{4}{5} - \dfrac{3}{8}$

10. $\dfrac{7}{12} - \dfrac{5}{9}$

Escribe cada expresión de división en forma de fracción. *(Lección 3.3)*

11. $4 \div 9 = \dfrac{\boxed{}}{\boxed{}}$

12. $8 \div 11 = \dfrac{\boxed{}}{\boxed{}}$

Escribe cada fracción en forma de expresión de división. *(Lección 3.3)*

13. $\dfrac{5}{6} = \underline{\hspace{1cm}} \div \underline{\hspace{1cm}}$

14. $\dfrac{7}{12} = \underline{\hspace{1cm}} \div \underline{\hspace{1cm}}$

Completa. *(Lección 3.3)*

15. $7 \div 5 = \dfrac{\boxed{}}{\boxed{}}$

$= \dfrac{\boxed{}}{\boxed{}} + \dfrac{\boxed{}}{\boxed{}}$

$= 1 + \dfrac{\boxed{}}{\boxed{}}$

$= \boxed{}\,\dfrac{\boxed{}}{\boxed{}}$

16. $19 \div 4 = \dfrac{\boxed{}}{\boxed{}}$

$= \dfrac{\boxed{}}{\boxed{}} + \dfrac{\boxed{}}{\boxed{}}$

$= 4 + \dfrac{\boxed{}}{\boxed{}}$

$= \boxed{}\,\dfrac{\boxed{}}{\boxed{}}$

Divide. Expresa cada cociente en forma de número mixto en su mínima expresión. *(Lección 3.3)*

17. $22 \div 8 = \dfrac{\boxed{}}{\boxed{}}$

$= \dfrac{\boxed{}}{\boxed{}}$

$= \boxed{} \dfrac{\boxed{}}{\boxed{}}$

18. $28 \div 6 = \dfrac{\boxed{}}{\boxed{}}$

$= \dfrac{\boxed{}}{\boxed{}}$

$= \boxed{} \dfrac{\boxed{}}{\boxed{}}$

Expresa cada fracción en forma de decimal. *(Lección 3.4)*

19. $\dfrac{4}{5} = \rule{3cm}{0.4pt}$

$= \rule{3cm}{0.4pt}$

20. $\dfrac{17}{20} = \rule{3cm}{0.4pt}$

$= \rule{3cm}{0.4pt}$

Expresa cada expresión de división en forma de número mixto y en forma de decimal. *(Lecciones 3.3 y 3.4)*

	Expresión de división	Expresa la división en forma de	
		número mixto	decimal
21.	$13 \div 4$		
22.	$23 \div 5$		

Suma. Expresa cada suma en su mínima expresión. *(Lección 3.5)*

23. $2\frac{2}{7} + 3\frac{1}{2}$

24. $1\frac{1}{2} + 1\frac{5}{9}$

Estima cada suma usando el número entero o el medio más cercano. *(Lección 3.5)*

25. $1\frac{5}{8} + 1\frac{1}{5}$

26. $2\frac{1}{6} + 3\frac{4}{5}$

Resta. Expresa cada diferencia en su mínima expresión. *(Lección 3.6)*

27. $5\frac{8}{9} - 3\frac{5}{6}$

28. $4\frac{2}{7} - 2\frac{7}{8}$

Estima cada diferencia usando el número entero o el medio más cercano. *(Lección 3.6)*

29. $2\frac{1}{10} - 1\frac{4}{7}$

30. $3\frac{3}{8} - 1\frac{7}{12}$

Halla el producto en su mínima expresión. *(Lección 4.1)*

31. $\dfrac{6}{7} \times \dfrac{5}{8} =$

32. $\dfrac{4}{5} \times \dfrac{10}{12} =$

33. $\dfrac{2}{5}$ de $\dfrac{10}{11} =$

34. $\dfrac{8}{9}$ de $\dfrac{5}{12} =$

Multiplica. Expresa el producto en su mínima expresión. *(Lección 4.3)*

35. $\dfrac{2}{5} \times \dfrac{15}{7} =$

36. $\dfrac{9}{5} \times \dfrac{5}{12} =$

Multiplica. Expresa el producto como un número entero o un número mixto en su mínima expresión. *(Lección 4.3)*

37. $\dfrac{4}{3} \times \dfrac{7}{6} =$

38. $\dfrac{8}{3} \times \dfrac{9}{12} =$

39. $\dfrac{7}{8} \times \dfrac{6}{5} =$

40. $\dfrac{25}{4} \times \dfrac{10}{8} =$

Multiplica. Expresa el producto como un número entero o un número mixto en su mínima expresión. *(Lección 4.4)*

41. $2\dfrac{1}{4} \times 16 =$

42. $27 \times 1\dfrac{2}{9} =$

Multiplica. Expresa el producto como un número entero o un número mixto en su mínima expresión. *(Lección 4.4)*

43. $5\dfrac{3}{6} \times 42 =$

44. $2\dfrac{5}{6} \times 15 =$

Divide. Expresa cada cociente en su mínima expresión. *(Lección 4.6)*

45. $3 \div \dfrac{1}{9} =$

46. $6 \div \dfrac{1}{8} =$

47. $5 \div \dfrac{1}{5} =$

48. $2 \div \dfrac{1}{10} =$

49. $\dfrac{7}{8} \div 5 =$

50. $\dfrac{5}{8} \div 4 =$

51. $\dfrac{4}{7} \div 12 =$

52. $\dfrac{2}{9} \div 6 =$

Resolución de problemas

Resuelve. Muestra el proceso.

53. Randy usó $\frac{3}{5}$ de libra de harina para hacer pan y $\frac{2}{7}$ de libra de harina para hacer galletas. ¿Cuántas libras más de harina usó para hacer pan que para hacer galletas?

54. Tina usa $4\frac{5}{12}$ yardas de alambre para su proyecto de ciencias. Kelvin usa $1\frac{2}{3}$ yardas de alambre para su proyecto. ¿Cuántas yardas de alambre usan en total?

Resuelve. Muestra el proceso.

55. Rosa vertió $1\frac{3}{4}$ cuartos de jugo de uva en un recipiente. Agregó $3\frac{1}{3}$ cuartos de jugo de manzana. Luego vertió en una jarra $2\frac{2}{3}$ cuartos de la mezcla de jugos.

¿Cuántos cuartos de la mezcla de jugos quedaron en el recipiente?

56. En una carrera, Hamish tenía que correr una distancia total de $\frac{11}{12}$ de milla. Corrió $\frac{4}{5}$ de la distancia.

a. Sin multiplicar, explica cómo sabes que la respuesta debe ser menor que $\frac{11}{12}$.

b. ¿Qué distancia corrió?

Resuelve. Muestra el proceso.

57. Ashley usa $\frac{1}{4}$ de un paquete de pasas para hacer un pastel de frutas. Luego usa $\frac{1}{9}$ del resto para hacer galletas. ¿Qué fracción del paquete de pasas le queda?

58. La señora Vernon usó $4\frac{3}{8}$ libras de carne en cada una de 12 ollas de sopa que hizo. ¿Cuántas libras de carne usó en total para las 12 ollas de sopa?

Resuelve. Muestra el proceso.

59. Un trabajador vierte $\frac{1}{8}$ de galón de solución limpiadora en cada balde de agua que usa.

a. ¿Cuántos baldes de agua con solución limpiadora puede hacer el trabajador con 16 galones de solución limpiadora?

b. Halla el volumen de solución en dos de los baldes.

60. En un día, se vendieron 135 botellas de jugo en una feria. Se vendieron $\frac{1}{3}$ de las botellas en la primera hora y $\frac{2}{5}$ de las botellas en la segunda hora. ¿Cuántas botellas de jugo se vendieron en total en estas dos horas?

Resuelve. Muestra el proceso.

61. La señora Li gastó $840 en sus vacaciones. Gastó $\frac{2}{3}$ de esa cantidad en un boleto de avión y $\frac{1}{2}$ de la cantidad restante en comida. ¿Cuánto dinero gastó en total en el boleto y la comida?

62. Sam hizo un viaje y recorrió $\frac{3}{4}$ de la distancia en autobús. Trotó $\frac{1}{2}$ de la distancia restante y caminó el resto del viaje. Si caminó 800 pies, ¿cuál fue la distancia total que recorrió?

Resuelve. Muestra el proceso.

63. Matthew usó $\frac{1}{5}$ de una caja de harina para cocinar y $\frac{3}{4}$ del resto para

hacer pan. Guardó el resto de la harina en partes iguales en 5 recipientes.
¿Qué fracción de la cantidad total de harina guardó en cada recipiente?

64. La conductora de un autobús llenó $\frac{7}{8}$ del tanque de combustible

para hacer un viaje. Al final del viaje, había usado $\frac{6}{7}$ del combustible.

La capacidad del tanque es de 70 galones. ¿Cuánto combustible usó para
hacer el viaje? Expresa tu respuesta en forma de decimal.

Resuelve. Muestra el proceso.

65.   En un mes, Sergio caminó a la escuela $\frac{3}{5}$ de los días. Lo llevaron en automóvil $\frac{7}{8}$ de los días restantes. El día escolar que quedó ese mes, Sergio permaneció en casa por una gripe. ¿Cuántos días de escuela hubo ese mes?

Álgebra

Práctica 1   Patrones numéricos y relaciones

Escribe los tres términos que siguen en cada patrón numérico. Luego, describe la regla para cada patrón.

1.   3, 6, 9, 12, _____, _____, _____, ...

Regla: _____

2.   4,000,000, 400,000, 40,000, 4,000, _____, _____,

_____, ...

Regla: _____

3.   3, 6, 12, 24, _____, _____, _____, ...

Regla: _____

4.   50, 49, 47, 44, 40, _____, _____, _____, ...

Regla: _____

Completa las tablas.

5. a.

Número de personas	1	2	3	4
Número de dedos	10			

b.

Número de ejemplares de un libro	1	2	3	4
Número de páginas	200			

Completa la tabla y responde las preguntas.

6. La tabla muestra la relación entre temperaturas medidas en grados Celsius (°C) y grados Fahrenheit (°F).

Temperatura en °C	0	5	10	15	20	25	30	35
Temperatura en °F	32	41	50	59				

a. Si la temperatura afuera es 100°F, ¿es mayor o menor que 40°C? Explica.

b. Hace poco, los meteorólogos agregaron un nuevo color a sus mapas para indicar temperaturas de 122°F o más. ¿Qué temperatura es esta en grados Celsius?

Completa la tabla y responde las preguntas.

7. Un juego de tazas de plástico cuesta $2.50.

Número de tazas	20	40	60	100
Costo de las tazas ($)	2.50			

a. ¿Cuál es el costo de 60 tazas?

b. ¿Cuál es el costo de 8 juegos de tazas?

c. ¿Cuántas tazas se pueden comprar con $17.50?

8. Una camioneta viaja a una velocidad de 60 kilómetros por hora.

Tiempo (hr)	1	3	5	7
Distancia viajada (km)	60			

a. ¿Qué distancia viaja la camioneta en 6 horas?

b. ¿Cuánto tarda la camioneta en viajar 180 kilómetros?

Completa la tabla y responde las preguntas.

9. Alex tomó prestados de sus padres $155 para comprar un cuaderno electrónico. Les devuelve parte del préstamo cada semana. La tabla muestra cuánto debe después de pagar la misma cantidad cada semana.

Semanas desde la compra	0	1	2	3	4	5	6	7	8
Cantidad que aún debe ($)	155	145	135	125					

a. ¿Qué cantidad de la deuda está pagando Alex cada semana?

b. ¿Cuánto le quedará por pagar en la semana 10?

c. ¿Tardará 15 semanas en pagar toda la deuda? Explica.

Práctica 2   Usar letras para representar números

Escribe una expresión para cada situación.

1.   Susan tiene 10 manzanas y 6 naranjas. ¿Cuántas frutas tiene?

2.   Juan tiene *x* manzanas y 8 naranjas. ¿Cuántas frutas tiene?
Da tu respuesta en función de *x*.

3.   Henry tiene $18. Gasta $2. ¿Cuánto dinero le queda?

4.   Katie tiene *m* dólares. Gasta $5. ¿Cuánto dinero le queda?
Da tu respuesta en función de *m*.

Escribe una expresión para la situación.

5.   Hugo tiene $20. Gasta *n* dólares. ¿Cuánto dinero le queda?
           Da tu respuesta en función de *n*.

Escribe una expresión algebraica para cada enunciado.

┌─ *Ejemplo* ────────────────┐
│   │
│   Suma 9 a *y*.   │
│   │
│ $y + 9$ ó $9 + y$ │
│   │
└────────────────────────────┘

6.   Suma *b* a 11.

7.   Resta 6 de *c*.

8.   Resta *p* de 15.

9.   12 más que *d*.

10.   15 menos que *g*.

Evalúa cada expresión usando los valores dados para *y*.

	Expresión	Valor de la expresión	
		y = 25	*y* = 16
Ejemplo	$y + 5$	30	21
11.	$y - 12$		
12.	$18 + y$		
13.	$35 - y$		

Escribe las siguientes expresiones por lo menos de tres maneras diferentes.

Ejemplo

6n $6 \times n$, $n \times 6$, 6 grupos de n

14. $18 \times m$ _____

_____

15.   75 grupos de y _____

_____

16. y grupos de 12 _____

_____

Escribe una expresión para cada situación.

17.   Julio tiene 4 cajas de lápices. En cada caja, hay 12 lápices.
¿Cuántos lápices tiene Julio?

18.   Tara tiene k cajas de lápices. En cada caja, hay 10 lápices.
¿Cuántos lápices tiene Tara? Da tu respuesta en función de k.

Escribe una expresión para cada situación.

19. Un restaurante dividió 20 galones de limonada entre 4 tanques. ¿Cuánta limonada contiene cada tanque?

20. m galones de limonada se distribuyen en partes iguales entre 3 personas. ¿Cuánta limonada recibe cada persona? Da tu respuesta en función de m.

Escribe una expresión para cada situación.

> *Ejemplo*
>
> Multiplica 4 y g.
>
> $4 \times g = 4g$ ó $g \times 4 = 4g$

21. Multiplica f y 6.

22. Divide m entre 3.

23. Divide 22 entre p.

Evalúa cada expresión, si $t = 156$.

> *Ejemplo*
>
> $2t = 2 \times t$
> $\quad = 2 \times 156$
> $\quad = 312$

24. $\dfrac{t}{6} =$

25. $16t =$

26. $\dfrac{t}{13} =$

Escribe una expresión algebraica para cada situación.

27.   Un tanque tiene *x* galones de agua. Ted agrega 3 galones de agua al tanque.
Luego, vierte el agua en partes iguales en 4 recipientes más pequeños.
¿Cuánta agua hay en cada recipiente?

28.   Jenny tiene 15 dólares. Compra 2 libros que cuestan $*m* cada uno.
¿Cuánto dinero le queda?

Escribe una expresión algebraica para cada situación.

29. Betty reunió 400 paquetes de alimento para obras benéficas.
Entregó *g* paquetes a un orfanato y distribuyó el resto en partes iguales entre
4 instituciones de beneficencia. ¿Cuántos paquetes recibió cada institución?

30. Para hacer pastelitos, Matt necesita *x* huevos por cada 200 gramos de harina.
Si usó 900 gramos de harina, ¿cuántos huevos usó?

Escribe una expresión para cada situación.

> **Ejemplo**
>
> Resta 12 del producto de 8 y *a*.
>
> $8 \times a - 12 = 8a - 12$

31. Suma 14 al producto de 3 y *b*.

32. Divide entre 5 el producto de 7 y *d*.

Evalúa cada expresión, si $x = 5$.

> **Ejemplo**
>
> $13x - 4 = 13 \times 5 - 4$
> $= 65 - 4$
> $= 61$

33. $5x + 12 =$

34. $20 - 2x =$

35. $\dfrac{x}{10} + 2 =$

36. $\dfrac{6x}{5} + 12 =$

Escribe en las casillas la expresión correcta. En la última casilla de la derecha, evalúa cada expresión, si $m = 28$.

Ejemplo

m → $\times 2$ → $2m$ → $- 3$ → $2m - 3$ → 53

37. 3 → $\times m$ → ☐ → $+ 5$ → ☐ → ☐

38. 76 → $- m$ → ☐ → $\div 2$ → ☐ → ☐

39. m → $+ 5$ → ☐ → $\div 11$ → ☐ → ☐

40. m → $\div 14$ → ☐ → $+ 1$ → ☐ → ☐

41. m → $\times 4$ → ☐ → $\div 16$ → ☐ → ☐

Evalúa cada expresión, si $z = 1{,}256$.

42. $41z - 39$

43. $\dfrac{18{,}661 - z}{5}$

44. $\dfrac{13z}{8} + 7{,}389$

45. $\dfrac{9z - 1{,}476}{42}$

Práctica 3   Simplificar expresiones algebraicas

Simplifica cada expresión.

Ejemplo

$c + c + c + c = 4c$

1. $6p + 3p =$

2. $b + 3b + 5b =$

3. $10k - 3k =$

4. $12p - 12p =$

5. $6p - 2p - 3p =$

6. $10a - a + 2a =$

7. $4c + c - 5c =$

8. $10f - 4f + f =$

Simplifica cada expresión.

> *Ejemplo*
>
> $5x + 2x + 4 = 7x + 4$

9. $x + 5x - 9 =$

10. $2m + 4 + 6m =$

11. $10p - 4p - 5 =$

12. $4 + 5k - 4k =$

13. $2 + 6b - 1 + 4b =$

14. $5c + 3 - 2c + 5 =$

15. $9e - 2e + 3 + 5e =$

16. $6h + 12 + 2h - 6 =$

Escribe una expresión algebraica para cada situación.

17. La longitud de una pieza de tela es de $8y$ yardas. Landon corta 7 de esas yardas para hacer fundas para unos almohadones. Luego, corta otras $3y$ yardas para hacer una cortina. La tela restante se corta en 4 pedazos iguales. ¿Qué longitud tiene cada pedazo?

18. Ling tiene $4m$ libras de harina. Después, compra otros 2 paquetes de harina, que pesan m libras cada uno. ¿Cuánta harina tiene Ling ahora en función de m?

Escribe una expresión algebraica para cada situación.

19. El lunes, Linus hizo $5k$ grullas de papel y les regaló $2k$ grullas de papel a sus amigos. El martes, hizo otras $4k$ grullas de papel. Su amigo le regaló 5 grullas de papel. ¿Cuántas grullas de papel tiene ahora en función de k?

20. En el mercado, una pera cuesta b centavos y una manzana cuesta 7 centavos menos que una pera. Randy compra 4 peras y una manzana. ¿Cuánto paga Randy en función de b?

Práctica 4   Desigualdades y ecuaciones

Completa con $>$, $<$ o $=$.

1.   Si $y = 3$, $6y \bigcirc 11$.

2.   Si $y = 6$, $6y \bigcirc 36$.

3.   Si $y = 4$, $6y \bigcirc 26$.

4.   Si $y = 5$, $6y \bigcirc 24$.

Completa con $>$, $<$ o $=$, si $x = 8$.

5. $3x \bigcirc 20$

6. $5x + 5 \bigcirc 45$

7. $2x - 9 \bigcirc x - 1$

8. $12 - x \bigcirc x \div 2$

Resuelve cada ecuación.

Ejemplo

$$x - 5 = 5$$
$$x - 5 + 5 = 5 + 5$$
$$x = 10$$

$x = $ _____10_____

9. $2a + 4 = 10$

$a = $ _____

10. $5b - 13 = 17$

$b = $ _____

11. $2m - 3 = m$

$m = $ _____

12. $12n + 7 = 8n + 15$

$n = $ _____

13. $2s + 16 = 4s - 6$

$s = $ _____

Práctica 5   Problemas cotidianos: Álgebra

Resuelve. Muestra el proceso.

1.   Raúl tiene 5 cajas de pelotas de golf. Cada caja contiene y pelotas de golf. Su padre le regala otras 8 pelotas de golf.

    a.   Halla el número total de pelotas de golf que tiene Raúl en función de y.

    b.   Si $y = 4$, ¿cuántas pelotas de golf tiene Raúl en total?

2.   Glenda compró z recipientes de detergente para ropa a $9 cada uno. Entregó $50 a la cajera.

    a.   Halla el cambio que recibió Glenda en función de z.

    b.   Si $z = 3$, ¿cuánto cambio recibió Glenda?

Resuelve. Muestra el proceso.

3. Garrett tiene *w* años. Su madre tiene 4 veces la edad de Garrett. Su padre tiene 3 años más que su madre.

  a. ¿Cuántos años tiene el padre de Garrett en función de *w*?

  b. Si *w* = 9, ¿cuántos años tiene el padre de Garrett?

4. El gerente de una oficina compró 16 cajas de bolígrafos, que contienen *m* bolígrafos cada una. Los empleados sacaron 10 bolígrafos del cuarto de suministros.

  a. ¿Cuántos bolígrafos quedaron? Da tu respuesta en función de *m*.

  b. Si *m* = 5, ¿cuántos bolígrafos quedaron en el cuarto de suministros?

Resuelve. Muestra el proceso.

5.   Sarah tiene una caja que contiene *x* cintas y 4 cintas más.
        Jill tiene 12 cintas.

   a.   Expresa el número de cintas que tiene Sarah en función de *x*.

   b.   ¿Para qué valor de *x* tendrán Sarah y Jill igual número de cintas?

6.   Henry hizo $(2y + 4)$ grullas de papel. Elise hizo $(3y - 9)$ grullas de papel.

   a.   Si $y = 6$, ¿quién habrá hecho más grullas de papel?

   b.   ¿Para qué valor de *y* habrán hecho ellos el mismo número de grullas
        de papel?

Resuelve. Muestra el proceso.

7. María tiene *y* yardas de tela. Usó 2 yardas para coser una falda. Con el resto de la tela hizo 5 chamarras.

    a. Halla la cantidad de tela que se usó para hacer cada chamarra en función de *y*.

    b. Si María tiene 17 yardas de tela, ¿cuánto material usó para cada chamarra?

8. Una revista cuesta la mitad de lo que cuesta un libro. El libro cuesta *p* dólares. Un bolígrafo cuesta $2 más que la revista.

    a. ¿Cuánto cuesta el bolígrafo en función de *p*?

    b. Si el libro cuesta $5, ¿cuánto cuesta el bolígrafo?

 Diario de matemáticas

Abajo se muestran las soluciones de John a los siguientes problemas. Identifica y explica los errores que ha cometido John. Luego, da la solución correcta.

1. $4w + 12w - 10 = 16w - 10$
$$= 6w$$

2. $20p - 2p + 4p = 20p - 6p$
$$= 14p$$

3. $6 \div q = \dfrac{q}{6}$

4. Clarissa compró 3 envases de leche a *y* centavos cada uno. Le dio a la cajera $10. ¿Cuánto cambio recibió? Da tu respuesta en función de *y*.

$3 \times y = 3y$

3 envases de leche cuestan $3y$ centavos.

$10 - 3y$

Clarissa recibió $(10 - 3y)$ dólares de cambio.

 **¡Ponte la gorra de pensar!**

 Práctica avanzada

Wendy compró 7 bolsos. Cada bolso cuesta lo mismo. Le pagó al cajero $100 y recibió g dólares de cambio.

a. ¿Cuál fue el costo de cada bolso en función de g?

b. Si el precio de cada bolso era de más de $10, ¿cuál es el menor valor posible de g? (Asume que el costo de cada bolso es un número entero.)

 ¡Ponte la gorra de pensar!

 Resolución de problemas

En una clase, hay 40 alumnos. Hay x niñas más que niños.

a. ¿Cuántos niños hay en función de x?

b. Si x = 4, ¿cuántos niños hay?

Área

Práctica 1   Hallar el área de un rectángulo de lados fraccionarios

Halla el área de cada rectángulo.

Ejemplo

$\frac{3}{4}$ pulg

$\frac{3}{5}$ pulg

$A = \text{longitud} \times \text{ancho}$

$= \dfrac{3}{4} \times \dfrac{3}{5}$

$= \dfrac{9}{20} \text{ pulg}^2$

El área del rectángulo es $\dfrac{9}{20}$ pulgadas cuadradas.

1.

$\frac{3}{5}$ m

$\frac{1}{2}$ m

$A = $ _____ $\times$ ancho

$= $ _____ $\times \dfrac{1}{2}$

$= $ _____ m^2

El área del rectángulo es _____ metros cuadrados.

2.

$\frac{3}{4}$ ft

$\frac{1}{8}$ ft

Halla el área de cada rectángulo.

3.

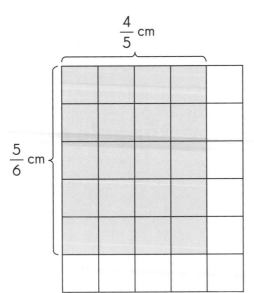

4.

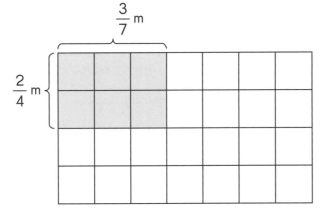

5. Una zona de tierra de 1 metro cuadrado está cubierta con un rectángulo de césped que mide $\frac{4}{7}$ de metro por $\frac{2}{3}$ de metro. ¿Cuál es el área del rectángulo de césped?

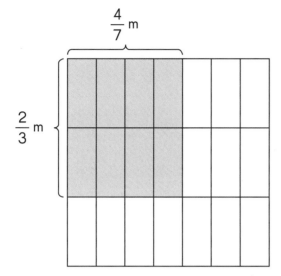

6. Halla el área de la tapa de una mesa de noche que tiene una longitud de $\frac{3}{4}$ de yarda y un ancho que es $\frac{1}{6}$ de yarda menos que la longitud.

Halla el área de cada figura compuesta.

7.

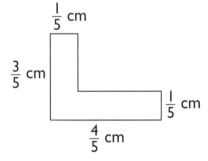

8.

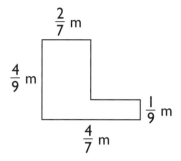

9.

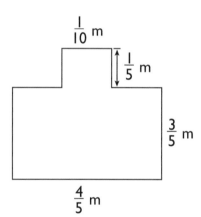

10.

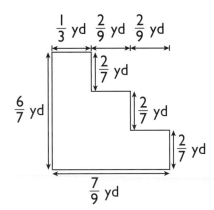

Halla el área de la parte sombreada.

11.

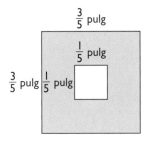

12.

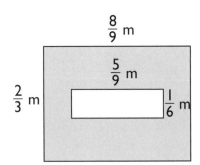

Práctica 2 Base y altura de un triángulo

Completa para hallar la base y la altura de cada triángulo.

Ejemplo

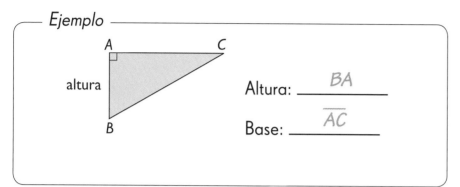

Altura: ___BA___

Base: ___$\overline{AC}$___

1.

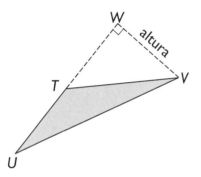

Altura: _____

Base: _____

2.

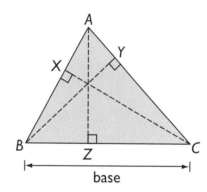

Base: _____

Altura: _____

3.

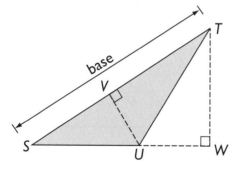

Base: _____

Altura: _____

4.

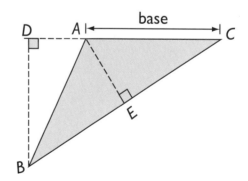

Base: _____

Altura: _____

Para cada triángulo, se da la base.
Usa una escuadra para trazar la altura.
Rotula la altura.

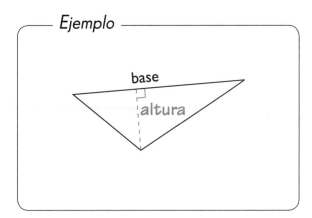

Ejemplo

base
altura

5.
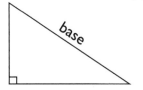
base

6.
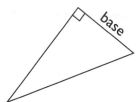
base

7.

base

8.

base

9.
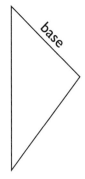
base

10.
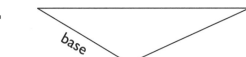
base

Práctica 3 Hallar el área de un triángulo

Halla el área de cada triángulo sombreado. Muestra cada paso y da la respuesta usando las unidades correctas.

Ejemplo

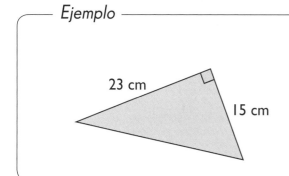

$$\text{Área del triángulo} = \frac{\frac{1}{2} \times 23 \times 15}{172\frac{1}{2} \ cm^2}$$

1.

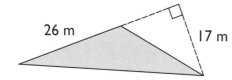

Área del triángulo = _____

= _____

2.

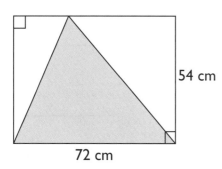

Área del triángulo = _____

= _____

3.

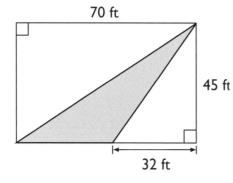

Área del triángulo = _____

= _____

Halla el área de cada triángulo sombreado.

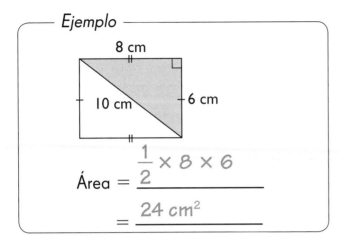

Ejemplo

8 cm

10 cm

6 cm

$$\text{Área} = \frac{\frac{1}{2} \times 8 \times 6}{}$$

$$= \underline{24 \text{ cm}^2}$$

4.

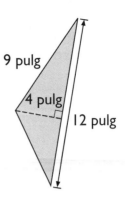

9 pulg

4 pulg

12 pulg

Área = _____

= _____

5.

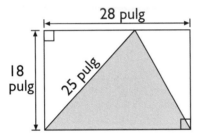

28 pulg

18 pulg

25 pulg

Área = _____

= _____

6.

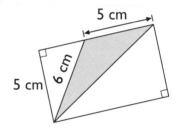

5 cm

6 cm

5 cm

Área = _____

=

_____

7.

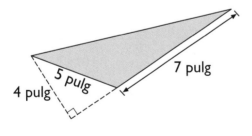

7 pulg

5 pulg

4 pulg

Área = _____

= _____

8.

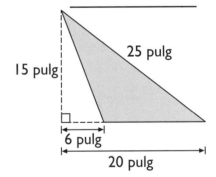

25 pulg

15 pulg

6 pulg

20 pulg

Área = _____

= _____

Diario de matemáticas

1.   Cuatro estudiantes hallaron el área del triángulo sombreado.

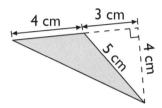

Estos son los resultados.

> Zach: $4 \times 4 = 16$ cm^2
>
> Paula: $\frac{1}{2} \times 5 \times 4 = 10$ cm^2
>
> Brian: $\frac{1}{2} \times 7 \times 4 = 14$ cm^2
>
> James: $\frac{1}{2} \times 3 \times 4 = 6$ cm^2

Explica los errores que cometieron. Luego, escribe la respuesta correcta.

Zach: _____

Paula: _____

Brian: _____

James: _____

El área del triángulo sombreado es: _____

2.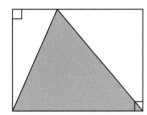

El área del triángulo sombreado es 15 centímetros cuadrados.

Explica por qué el área del rectángulo es 30 centímetros cuadrados.

3. *ABCD* es un rectángulo y *BE* = *EC*.

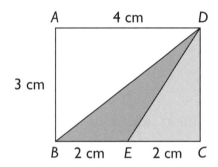

¿Qué puedes decir sobre el área de los triángulos *BED* y *ECD*?

Explica tu respuesta.

¡Ponte la gorra de pensar!

Práctica avanzada

Resuelve. Muestra el proceso.

1.   *ABCD* es un cuadrado de 10 centímetros de lado y $BE = EC$.
Halla el área del triángulo sombreado.

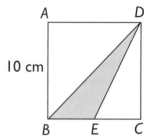

2.   *ABCD* es un rectángulo de 18 centímetros
por 8 centímetros. $AE = ED$ y $AF = FB$.
Halla el área del triángulo sombreado.

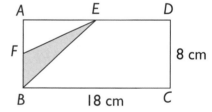

3. *ABCD* es un rectángulo de 48 pulgadas cuadradas de área.
La longitud de *CD* es 3 veces mayor que la longitud de *DF*.
BC = 4 pulgadas.

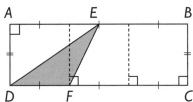

   a. Halla la longitud de *DF*.

   b. Halla el área del triángulo sombreado.

4. *ABCD* es un rectángulo de 12 cm por 5 centímetros.
BE = 4 centímetros. Halla el área de la región
sombreada *ABED*.

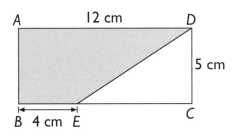

5. El lado del cuadrado *ABCD* mide 8 centímetros. *AE* = *AF* = 4 centímetros. Halla el área del triángulo sombreado *CEF*.

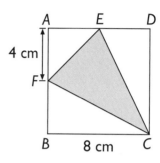

6. El perímetro del rectángulo *ABCD* mide 256 pulgadas. Su longitud es 3 veces mayor que su ancho. Halla el área del triángulo *ABC*.

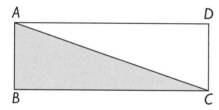

7. ABCD es un rectángulo de 72 centímetros cuadrados de área. La longitud de *AD* es 3 veces mayor que la longitud de *AE*. *BF* = 8 centímetros.

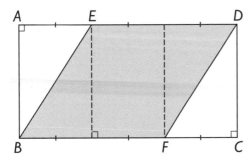

a. Halla el ancho del rectángulo.

b. Halla el área de la región sombreada *EBFD*.

¡Ponte la gorra de pensar!

 Resolución de problemas

1.   Observa el patrón de estos triángulos.

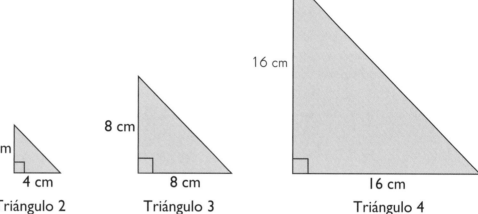

2 cm

2 cm
Triángulo 1

4 cm

4 cm
Triángulo 2

8 cm

8 cm
Triángulo 3

16 cm

16 cm
Triángulo 4

¿Cuál es el área del Triángulo 5 del patrón? _____

¿Qué triángulo del patrón tendrá un área de

32,768 centímetros cuadrados? _____

2. *ABCD* es un cuadrado cuyos lados miden 20 centímetros. *AX = XB*, *BY = YC*, *CZ = ZD*, *AW = WD*. *WY* y *XZ* son líneas rectas. Halla el área total de las partes sombreadas.

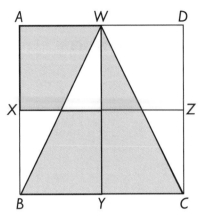

Razones

Práctica 1   Hallar la razón

La tabla muestra el número de puntos que cada estudiante obtuvo en un juego de matemáticas.

Halla el número total de puntos que obtuvieron los estudiantes.

1.

Estudiante	Número de Puntos
Yolanda	8
Sue	3
Norita	5
Vanna	11
Total	

Escribe las razones que faltan para completar la tabla.

2.

La razón del ...	Razón
número de puntos que obtuvo Yolanda al número de puntos que obtuvo Vanna es	8 : 11
número de puntos que obtuvo Norita al número de puntos que obtuvo Sue es	
número de puntos que obtuvo Sue al número de puntos que obtuvo Norita es	
número de puntos que obtuvo Yolanda al número total de puntos es	
número total de puntos al número de puntos que obtuvo Vanna es	

Completa.

El señor González hizo atados de 10 lápices. Le entregó 4 atados a Charlie y 9 atados a Lisa.

3. La razón del número de lápices que tiene Charlie al número de lápices que tiene Lisa es _____ : _____.

4. La razón del número de lápices que tiene Lisa al número de lápices que tiene Charlie es _____ : _____.

5. La razón del número de lápices que tiene Lisa al número total de lápices es _____ : _____.

Esta tabla muestra la cantidad de leche y agua mineral que cuatro familias consumieron durante una semana.

Halla la cantidad total de agua y leche que consumieron.

6.

Familia	Cantidad de leche	Cantidad de agua mineral
Lara	4 ct	6 gal
Modano	9 ct	9 gal
Santos	13 ct	10 gal
Willis	5 ct	7 gal
Total		

Usa la tabla anterior para completar los espacios en blanco.

Ejemplo

La razón de la cantidad de agua que consumió la familia Santos a la cantidad de agua que consumió la familia Modano es ___10 : 9___.

7. La razón de la cantidad de leche que consumió la familia Modano a la cantidad de leche que consumió la familia Willis es _____.

Usa la tabla de la pág. 234 para completar los espacios en blanco.

8.   La razón de la cantidad de leche que consumió la familia Willis a la cantidad de agua que consumió la familia Lara es _____.

9.   La razón de la cantidad total de leche a la cantidad de leche que consumió la familia Modano es _____.

10.   La razón de la cantidad de agua que consumió la familia Santos a la cantidad total de agua es _____.

Al escribir dos cantidades en forma de razón, las cantidades deben darse en la misma unidad. Sin embargo, la razón no tiene unidades.

Completa.

11.   La razón de la longitud de A a la longitud de C es _____ : _____.

12.   La razón de la longitud de C a la longitud de B es _____ : _____.

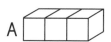

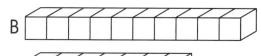

13.   La razón de la longitud de A a la longitud total de A, B y C es _____ : _____.

Completa.

14.   La razón de la longitud de R a la longitud de P es _____ : _____.

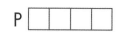

15.   La razón de la longitud de P a la longitud de de Q es _____ : _____.

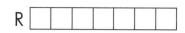

16.   La razón de la longitud de P a la longitud total de P, Q y R es _____ : _____.

Haz modelos para representar cada razón.

17.   5 : 9   **18.**   12 : 7

Resuelve.

19.   La abuela les dio $15 a Linda y a Dianne. Le dio $7 a Linda.

a.   ¿Cuánto dinero le dio a Dianne?

b.   Halla la razón de la cantidad de dinero que la abuela le dio a Linda a la cantidad de dinero que le dio a Dianne.

Resuelve.

20. Amelia tiene 25 postales. Regala 8.

   a. ¿Cuántas postales le quedan?

   b. Halla la razón del número de postales que le quedan a Amelia al número de postales que tenía antes.

21. Clark tiene dos latas de maíz de 16 onzas. Usó 18 onzas para hacer sopa de maíz y el resto para hacer una cazuela.

   a. ¿Cuántas onzas de maíz usó para hacer la cazuela?

   b. ¿Cuál es la razón de la cantidad de maíz que Clark usó para hacer la cazuela a la cantidad de maíz que tenía al principio?

22. La razón del número de paquetes de pimientos rojos al número de paquetes de pimientos verdes en un mostrador del supermercado es 8 : 13. Los pimientos se venden en paquetes de 2 libras.

    a. ¿Cuál es el peso mínimo de los pimientos rojos en el mostrador?

    b. ¿Cuál es el peso mínimo de los pimientos verdes en el mostrador?

Leanne puso 6 fichas en una bolsa. Sacó algunas fichas de la bolsa, pero no todas.

Halla la razón del número de fichas que sacó de la bolsa al número de fichas que quedan en la bolsa. Haz una lista de todas las razones posibles usando esta tabla.

23.

Número de fichas que sacó	Número de fichas que quedan en la bolsa	Razón
1	5	1 : 5

Práctica 2   Razones equivalentes

Escribe las razones para comparar los dos conjuntos de elementos.

A   B

1. La razón del número de CD del grupo A al número de CD del

grupo B es _____ : _____.

2. La razón del número de estuches de CD del grupo A al número de

estuches de CD del grupo B es _____ : _____.

3. _____ : _____ = _____ : _____ en su mínima expresión.

Escribe las razones para comparar los dos conjuntos de elementos.

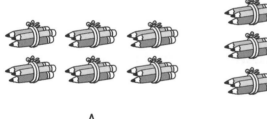   

A   B

4. La razón del número de lápices del grupo A al número de lápices del

grupo B es _____ : _____.

5. La razón del número de atados de lápices del grupo A al número de

atados de lápices del grupo B es _____ : _____.

6. $18 : 27 = 6 : 9 =$ _____ : _____ en su mínima expresión.

Halla el máximo factor común de cada conjunto de números.

Ejemplo

4 y 6 ___2___

7. 6 y 9 _____

8. 6 y 18 _____

9. 12 y 32 _____

Completa.

10.

$3 : 5$

$\times$ ___ ( ) $\times$ ___

= ___ : 15

11.

$7 : 4$

$\times$ ___ ( ) $\times$ ___

= ___ : 16

12. $4 : 3 = 24 : $ ___

13. $8 : 3 = 64 : $ ___

14. $4 : 9 = $ ___ $: 45$

15. $6 : 7 = 42 : $ ___

16. $5 : 8 = 45 : $ ___

17. $9 : 6 = $ ___ $: 54$

Completa para indicar cada razón en su mínima expresión.

18.

$18 : 12$

$\div$ ___ ( ) $\div$ ___

= 3 : ___

19.

$15 : 21$

$\div$ ___ ( ) $\div$ ___

= 5 : ___

20. $12 : 30 = $ ___ $: 5$

21. $14 : 28 = 1 : $ ___

22. $60 : 45 = $ ___ $: 3$

23. $72 : 104 = $ ___ $: 13$

24. $6 : 16 = $ ___ $:$ ___

25. $15 : 35 = $ ___ $:$ ___

26. $4 : 48 = $ ___ $:$ ___

27. $56 : 21 = $ ___ $:$ ___

Práctica 3   Problemas cotidianos: Razones

Resuelve. Muestra el proceso.

1. La señora Grande compró 24 manzanas y 18 naranjas para una fiesta después de una presentación teatral de la clase. Halla la razón del número de manzanas al número total de frutas que compró la señora Grande.

2. En un congelador hay en total 44 filetes de pollo y de pescado. Hay 12 filetes de pollo. ¿Cuál es la razón del número de filetes de pollo al número de filetes de pescado que hay en el congelador?

Resuelve. Muestra el proceso.

3. En una clase había 12 niños y 18 niñas. Luego, 3 niños más se unieron al grupo y 2 niñas se fueron. ¿Cuál es la razón del número de niños al número de niñas que hay ahora en la clase?

4. Al principio, Mónica tenía $42 y Naomi tenía $18. Luego, Mónica le dio $6 a Naomi. ¿Cuál es la razón de la cantidad de dinero que tiene Mónica a la cantidad de dinero que tiene Naomi, al final?

Resuelve. Muestra el proceso.

5. En una competencia, la razón del número de boletos que Mark reunió al número de boletos que Julia reunió es 4 : 3. Julia reunió 36 boletos. ¿Cuántos boletos renieron en total?

6. La razón del número de estampillas que tiene Calvin al número de estampillas que tiene Roger es 7 : 3. Roger tiene 18 estampillas. ¿Cuántas estampillas tienen en total?

Resuelve. Muestra el proceso.

7. La razón de la cantidad de agua que se usó en la casa A a la cantidad de agua que se usó en la casa B un sábado fue 13 : 5. En la casa A se usaron 260 galones de agua ese día. Halla la cantidad total de agua que se usó en las dos casas ese sábado.

8. Se hace una mezcla de solución limpiadora y agua a una razón de 4 : 15. La cantidad de agua que se mezcla es 1,200 mililitros. ¿Cuál es el volumen total de la mezcla?

Nombre: _____   **Fecha:** _____

Práctica 4 Razones en forma de fracción

Escribe tu respuesta en la casilla.

1. ¿Qué modelo muestra correctamente que 'A es $\frac{7}{4}$ veces mayor que B'?

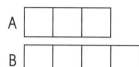

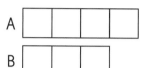

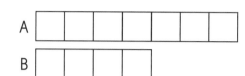

Completa.

Se muestra la razón de las longitudes de la barra A y la barra B.

2. La razón de la longitud de la Barra A a la longitud de la Barra B es ⬚/⬚ .

3. La longitud de la Barra A es ⬚/⬚ de la longitud de la Barra B.

4. La razón de la longitud de la Barra B a la longitud de la Barra A es ⬚/⬚ .

5. La longitud de la Barra B es ⬚/⬚ de la longitud de la Barra A.

Completa.

El diagrama muestra el peso de dos bolsas de arroz, X y Y.

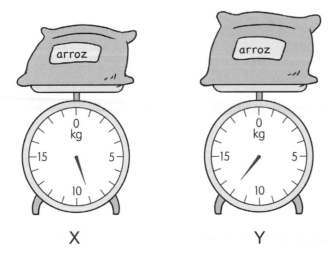

X   Y

6. La masa de Y es $\dfrac{\boxed{}}{\boxed{}}$ de la masa total de X.

7. La masa de X es $\dfrac{\boxed{}}{\boxed{}}$ de la masa de Y.

8. La razón de la masa de X de la masa total de X y Y

es _____ : _____.

9. La masa de X es $\dfrac{\boxed{}}{\boxed{}}$ de la masa total de X y Y.

10. La masa de Y es $\dfrac{\boxed{}}{\boxed{}}$ de la masa total de X y Y.

Resuelve.

11. Pete jugó 18 partidos de tenis en una semana. Jack jugó 6 partidos menos que Pete.

    a. ¿Cuántos partidos de tenis jugó Jack en esa semana?

    b. Halla la razón del número de partidos que jugó Pete al número total de partidos que jugaron los dos muchachos. Da la respuesta en forma de fracción.

    c. ¿Cuánto menor es el número de partidos que jugó Jack que el número de partidos que jugó Pete?

Resuelve. Haz un modelo como ayuda.

12. El peso de Kenny es $\frac{6}{7}$ del peso de Melvin.

a. ¿Cuál es la razón del peso de Kenny al peso de Melvin? Da la respuesta en forma de fracción.

b. ¿Cuál es la razón del peso de Melvin al peso total de los dos niños? Da la respuesta en forma de fracción.

c. ¿Cuánto menor es el peso de Kenny que el peso total de los dos niños?

Resuelve.

13.   Kimberly tiene 3 veces mayor que su hermana, Halley.

   a.   Halla la razón de la edad de Kimberly a la edad de Halley. Da la respuesta
   en forma de fracción.

   b.   Halla la razón de la edad de Halley al total de la edad de las dos.
   Da la respuesta en forma de fracción.

   c.   ¿Cuánto menor es la edad de Halley que la edad de Kimberly?

   d.   ¿Cuánto menor es la edad de Kimberly que la edad total de las dos?

Resuelve.

14. En la biblioteca de una universidad hay 4 libros de no ficción por cada libro de ficción.

a. Halla la razón del número de libros de no ficción al número de libros de ficción. Da la respuesta en forma de fracción.

b. ¿Cuánto menor es el número de libros de ficción que el número de libros de no ficción?

c. Imagina que el número de libros de ficción es $\frac{2}{7}$ del número de libros de no ficción. ¿Cuál sería la razón del número de libros de no ficción al número total de libros? Da la respuesta en forma de fracción.

Práctica 5   Comparar tres cantidades

Halla el máximo factor común para cada conjunto de números.

	Conjunto de números	Máximo factor común
Ejemplo	2, 6 y 8	2
1.	5, 10 y 20	
2.	3, 9 y 15	
3.	6, 24 y 27	

Completa para indicar cada razón en su mínima expresión.

4.
$$16 : 12 : 8$$
$$\div \_\_\_ \left(\div \_\_\_ \right) \div \_\_\_$$
$$= \_\_\_ : \_\_\_ : \_\_\_$$

5.
$$21 : 15 : 18$$
$$\div \_\_\_ \left(\div \_\_\_ \right) \div \_\_\_$$
$$= \_\_\_ : \_\_\_ : \_\_\_$$

6.
$$20 : 30 : 45$$
$$\div \_\_\_ \left(\div \_\_\_ \right) \div \_\_\_$$
$$= \_\_\_ : \_\_\_ : \_\_\_$$

7.
$$7 : 21 : 35$$
$$\div \_\_\_ \left(\div \_\_\_ \right) \div \_\_\_$$
$$= \_\_\_ : \_\_\_ : \_\_\_$$

Escribe cada razón en su mínima expresión.

8. $4 : 16 : 18 = \_\_\_ : \_\_\_ : \_\_\_$

9. $27 : 12 : 21 = \_\_\_ : \_\_\_ : \_\_\_$

10. $32 : 8 : 20 = \_\_\_ : \_\_\_ : \_\_\_$

11. $63 : 18 : 27 = \_\_\_ : \_\_\_ : \_\_\_$

Completa.

12.

$$2 \;:\; 5 \;:\; 7$$

$$\times \underline{\quad} \left(\times \dfrac{\;\;}{\;\;} \right) \times \underline{\quad}$$

$$= \underline{\quad} : 15 : \underline{\quad}$$

13.

$$3 \;:\; 7 \;:\; 11$$

$$\times \underline{\quad} \left(\times \dfrac{\;\;}{\;\;} \right) \times \underline{\quad}$$

$$= 12 : \underline{\quad} : \underline{\quad}$$

14.

$$20 \;:\; 15 \;:\; 30$$

$$\div \underline{\quad} \left(\div \dfrac{\;\;}{\;\;} \right) \div \underline{\quad}$$

$$= \underline{\quad} : \underline{\quad} : 6$$

15.

$$32 \;:\; 20 \;:\; 28$$

$$\div \underline{\quad} \left(\div \dfrac{\;\;}{\;\;} \right) \div \underline{\quad}$$

$$= 8 : \underline{\quad} : \underline{\quad}$$

Completa.

16. $1 : 2 : 5 = \underline{\quad} : 6 : \underline{\quad}$

17. $7 : 4 : 3 = 28 : \underline{\quad} : \underline{\quad}$

18. $4 : 5 : 9 = \underline{\quad} : 25 : \underline{\quad}$

19. $16 : 14 : 6 = \underline{\quad} : \underline{\quad} : 3$

20. $18 : 24 : 30 = \underline{\quad} : 4 : \underline{\quad}$

21. $35 : 42 : 56 = 5 : \underline{\quad} : \underline{\quad}$

Práctica 6   Problemas cotidianos: Más razones

Resuelve. Muestra el proceso.

1. Para una feria escolar, los padres de Lolita donaron 4 botellas de jugo de naranja, 10 botellas de refresco de frutas y 8 botellas de jugo de manzana. Halla la razón del número de botellas de jugo de naranja al número de botellas de refresco de frutas al número de botellas de jugo de manzana que donaron los padres de Lolita.

2. Una compañía hace una donación total de $900 a tres obras de caridad. La obra de caridad A recibió $200, la obra de caridad B recibió $400 y la obra de caridad C recibió la cantidad restante. ¿Cuál es la razón de la cantidad que recibió la obra de caridad A a la cantidad que recibió la obra de caridad B a la cantidad que recibió la obra de caridad C?

Resuelve. Muestra el proceso.

3. Ruth cortó una cuerda en tres partes. La razón de la longitud de las tres partes es 2 : 3 : 5. La parte más larga mide 35 centímetros. ¿Cuál es la longitud de la parte más corta?

4. La razón de la edad de tres hermanos, Dave, Randy y Martín, es 1 : 2 : 3. Dave tiene 7 años. Halla el total de la edad de los tres hermanos.

Resuelve. Muestra el proceso.

5. La razón del número de películas que han visto Lisa, María y Nina es 6 : 4 : 7. Nina ha visto 21 películas este año.

a. ¿Cuántas películas ha visto Lisa?

b. ¿Cuántas películas han visto las tres niñas en total?

6. La razón de las conchas de mar que reunieron Amin, Barb y Curt es 10 : 12 : 7. Curt reunió 98 conchas de mar. ¿Cuántas conchas de mar reunieron en total?

Resuelve. Muestra el proceso.

7. Para el final del año, los ahorros de Kieran son $\frac{9}{2}$ de los ahorros de Simón.

   a. ¿Cuál es la razón de los ahorros de Kieran a los ahorros de Simón al total de los ahorros?

   b. ¿Cuánto menor son los ahorros de Kieran que el total de dinero ahorrado?

   c. ¿Cuánto menor son los ahorros de Simón que el total de dinero ahorrado?

   d. Simón ahorra $28 menos que Kieran. ¿Cuánto ahorran en total?

Resuelve. Muestra el proceso.

8. Lita, Karla y Rose estuvieron en un concurso de mecanografía. Lita mecanografió 2 veces más rápido que Karla. La razón del número de palabras que mecanografió Karla al número de palabras que mecanografió Rose fue 4 : 1. Si Rose mecanografió 48 palabras, ¿cuántas palabras mecanografió Lita?

Resuelve. Muestra el proceso.

9. La fábrica de lácteos La Vaquita produce yogur de tres sabores: vainilla, fresa y plátano. La cantidad de yogur con sabor a vainilla que producen en un día es 2 veces mayor que la cantidad de yogur con sabor a plátano. La cantidad de yogur con sabor a chocolate que producen en un día es 3 veces mayor que la cantidad de yogur con sabor a fresa.

a. ¿Cuál es la razón de la cantidad de yogur con sabor a vainilla a la cantidad de yogur con sabor a plátano a la cantidad de yogur con sabor a fresa que producen en un día?

b. ¿Cuánto menor es la cantidad de yogur con sabor a vainilla que el total de yogur producido?

Diario de matemáticas

Andy y Clara hicieron por separado un modelo para solucionar este problema.

> Para hacer un asado, el señor Marcos compró, carne y pollo en la carnicería y pescado en la pescadería. La razón del peso del pollo al peso de la carne al peso del pescado que compró es 3 : 1 : 5. Compró 10 libras de pescado. ¿Cuál fue el peso total de la carne que compró en la carnicería?

Sin embargo, ambos modelos son incorrectos.
Explica los errores que cada uno cometió.

Modelo de Andy

Pollo

Carne

?

Pescado

10 lb

El modelo de Andy es incorrecto porque

_____

_____

_____

_____

Modelo de Clara

Pollo

Carne

?

Pescado

10 lb

El modelo de Clara es incorrecto porque

_____

_____

_____

_____

Haz el modelo correcto. Luego, resuelve los problemas.

¡Ponte la gorra de pensar!

Práctica avanzada

1. Un cuadrado pequeño de 16 centímetros cuadrados se corta de un cuadrado más grande cuyos lados miden 6 centímetros. Halla la razón del área del cuadrado pequeño al área restante del cuadrado más grande.

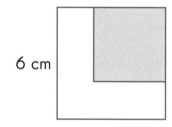

6 cm

2. Los perímetros de dos cuadrados tienen una razón de 2 : 4. El perímetro del cuadrado más grande es de 16 centímetros.

a. ¿Cuál es el perímetro del cuadrado más pequeño?

b. ¿Cuál es la longitud de un lado del cuadrado pequeño?

 ¡Ponte la gorra de pensar!

 Resolución de problemas

Resuelve.

1. La razón del número de plantas que compró Trish al número de plantas que compró Sarah es 2 : 5. Trish compró 16 plantas.

    a. ¿Cuál es la cantidad de plantas que Trish y Sarah compraron en total?

    b. Si cada planta cuesta $17, ¿cuál es el costo total de las plantas que compraron Trish y Sarah?

2. La razón del número de niños al número de niñas en una feria local es 5 : 8. Hay 60 niños en la feria.

    a. ¿Cuál es la cantidad total de niños y niñas en la feria?

    b. La entrada para cada niño o niña cuesta $3. Halla el costo total de las entradas de los niños y las niñas.

© Marshall Cavendish Education Pte Ltd

Completa con =, > o <, si _d_ = 7. *(Lección 5.4)*

14. $d + 7 \bigcirc 15$

15. $3d - 10 \bigcirc 11$

16. $2d + 6 \bigcirc 3d - 2$

17. $(35 \div d) + 5 \bigcirc d$

Resuelve cada ecuación. *(Lección 5.4)*

18. $2e = 8$

19. $3f + 3 = 18$

$e = $ _____

$f = $ _____

20. $6g - 5 = 2g + 3$

21. $4h - 11 = h + 16$

$g = $ _____

$h = $ _____

Halla el área de cada rectángulo. *(Lección 6.1)*

22.

$\frac{5}{7}$ m

$\frac{3}{7}$ m

23.

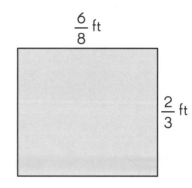

$\frac{6}{8}$ ft

$\frac{2}{3}$ ft

Área: _____

Área: _____

24. Una bandeja rectangular se colocó sobre un mantel cuadrado. La bandeja mide ▓▓▓ pie por $\frac{5}{6}$ de pie. ¿Cuál es el área de la bandeja?

$\frac{3}{4}$ ft

$\frac{5}{6}$ ft

Completa para hallar la base y la altura de cada triángulo. *(Lección 6.2)*

25.

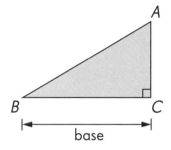

Base: _____

Altura: _____

26.

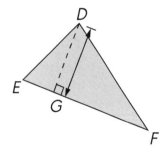

Altura: _____

Base: _____

27.

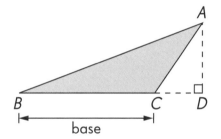

Base: _____

Altura: _____

28.

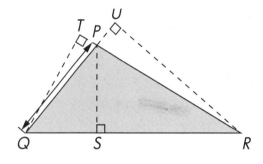

Base: _____

Altura: _____

Halla el área de cada triángulo sombreado. *(Lección 6.3)*

29.

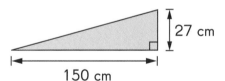

Área = _____

30.

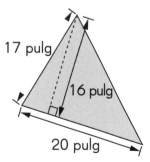

Área = _____

Halla el área de cada triángulo sombreado. *(Lección 6.3)*

31.

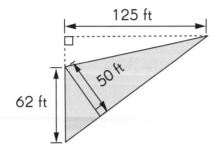

Área = _____

32.

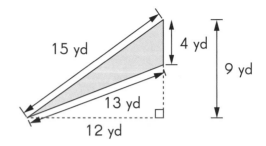

Área = _____

33.

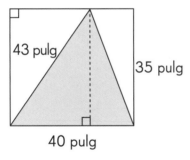

Área = _____

34.

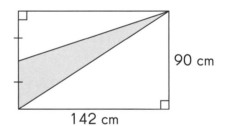

Área = _____

Halla el área total de las partes sombreadas. *(Lección 6.3)*

35.

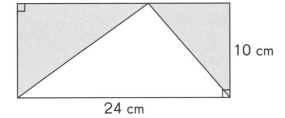

10 cm

24 cm

Área = _____

Completa. *(Lección 7.1)*

A

B

C

36. La razón de la longitud de A a la longitud de B es _____ : _____.

37. La razón de la longitud de C a la longitud de A es _____ : _____.

38. La razón de la longitud de B al total de la longitud de A, B y C

es _____ : _____.

Completa. *(Lección 7.2)*

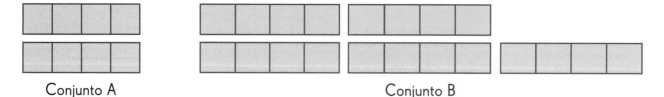

Conjunto A   Conjunto B

39. La razón del número de cuadrados en el conjunto A al número de cuadrados en el conjunto B es _____ : _____.

40. La razón del número de grupos en el conjunto A al número de grupos en el conjunto B es _____ : _____.

41. _____ : _____ = _____ : _____ en su mínima expresión.

Halla el número o término que falta en cada conjunto de razones equivalentes. *(Lección 7.2)*

42. $7 : 4 = 21 :$ _____

43. $5 : 9 =$ _____ $: 63$

44. $18 : 21 = 6 :$ _____

45. $108 : 72 =$ _____ $: 6$

Completa. *(Lección 7.4)*

Se muestran las alturas de dos edificios.

46. La razón de la altura del Plaza Matemática a la altura

de la Torre Enfoque es .

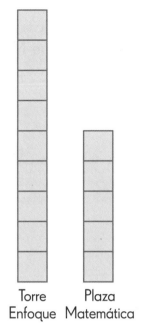

Torre   Plaza
Enfoque   Matemática

47. La altura del Plaza Matemática es _____ de la altura

de la Torre Enfoque.

48. La altura de la Torre Enfoque es _____ de la altura

de ambos edificios

Expresa cada razón en su mínima expresión. *(Lección 7.5)*

49. $8:12:24 =$ ____ : ____ : ____   **50.** $21:9:36 =$ ____ : ____ : ____

Halla los números o términos que faltan en cada conjunto de razones equivalentes. *(Lección 7.5)*

51. $4:6:9 = 24:$ ____ : ____   **52.** $48:56:28 =$ ____ : ____ : 7

Resolución de problemas

Resuelve. Muestra el proceso.

53. Mandy anotó b puntos en un juego de básquetbol. Jay anotó 3 puntos menos que Mandy. Kareem anotó 2 veces tantos puntos como Mandy.

    a. Halla el número de puntos que Jay anotó en términos de b.

    b. Halla el número total de puntos que los tres jugadores anotaron en términos de b.

54. David lee un libro que tiene $(3x + 6)$ páginas. Elena lee un libro que tiene $(4x - 4)$ páginas.

    a. Si $x = 7$, ¿quién tiene el libro con más páginas?

    b. ¿Para cuál valor de x los dos libros tienen el mismo número de páginas?

Nombre: _____   **Fecha:** _____

Resuelve. Muestra el proceso.

55. En la figura, $BC = 18$ cm y $AD = BD$. La longitud de BD es el doble
de la longitud de BC. Halla el área del triángulo sombreado ABC.

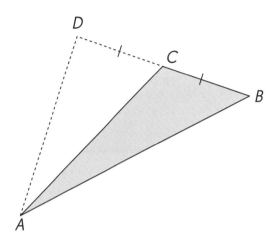

56. $ABCD$ es un rectángulo con un ancho de 12 centímetros. Su longitud
es el doble de su ancho. $AE = 12$ centímetros y $AF = BF$. Halla el área
del triángulo sombreado CEF.

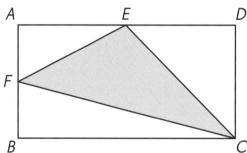

Resuelve. Muestra el proceso.
Da la respuesta en forma de razón o en forma de fracción.

57. Al comienzo, había 45 monedas de 1¢ en el recipiente A y 79 monedas de 1¢ en el recipiente B. Sandra tomó 7 monedas de 1¢ del recipiente A y las puso en el recipiente B.

    a. ¿Cuál es la razón del número de monedas de 1¢ en el recipiente A al número de monedas en el recipiente B al comienzo?

    b. Halla la razón del número de monedas de 1¢ en el recipiente A al número de monedas en el recipiente B al final. Expresa tu respuesta en su mínima expresión.

Resuelve. Traza un modelo como ayuda

58. Peggy recorre en bicicleta una distancia 3 veces mayor que la que recorre Dakota.

    a. Halla la razón de la distancia que recorre Peggy a la distancia que recorre Dakota. Da la respuesta en forma de fracción.

    b. ¿Cuánto menor es la distancia que recorre Peggy a la distancia combinada?

Resuelve. Muestra el proceso.

59. Una compañía dona anualmente a las organizaciones benéficas A, B y C a razón de 3 : 7 : 9. Dona $5,096 a la organización B en un año.

    a. ¿Cuánto dona a la organización A en un año?

    b. ¿Cuánto dona a las tres organizaciones en un año?

60. La razón del número de niños al número de niñas en un campamento es 3 : 7. Hay 24 niños en el campamento.

    a. ¿Cuántas niñas hay en el campamento?

    b. El costo del campamento es $50 por persona. Halla la cantidad total de dinero que pagaron las niñas.

Repaso semestral

Preparación para la prueba

Opción múltiple

Sombrea el círculo que está junto a la respuesta correcta.

1. ¿Cuál de las siguientes respuestas es 3,450,026 en palabras? *(Lección 1.1)*

(A) Tres millones, cuatrocientos cincuenta mil, veintiséis

(B) Tres millones, cuatrocientos mil cincuenta, veintiséis

(C) Tres millones, cincuenta mil cuatrocientos, veintiséis

(D) Tres millones, cuarenta y cinco mil, veintiséis

2. ¿Cuál es el número mayor? *(Lección 1.3)*

(A) 15,265   (B) 93,216

(C) 320,182   (D) 320,128

3. ¿Cuál es el número que redondeado al millar más cercano es 23,000?
(Lección 1.4)

(A) 22,097   (B) 22,499

(C) 23,400   (D) 23,501

4. Simplifica $20 + 10 \times 19 - 7$. *(Lección 2.7)*

(A) 140   (B) 203

(C) 360   (D) 563

5. Multiplica 52×10^2. *(Lección 2.3)*

(A) 52

(B) 520

(C) 5,200

(D) 52,000

6. ¿Cuál es la diferencia entre el valor del dígito 6 en 2,300,628 y en 846,150? *(Lección 1.2)*

(A) 600

(B) 5,400

(C) 5,522

(D) 6,000

7. ¿Cuál es el residuo de dividir 4,885 entre 21? *(Lección 2.6)*

(A) 12

(B) 13

(C) 14

(D) 15

8. Expresa $4 \div \frac{1}{12}$ en su mínima expresión. *(Lección 4.6)*

(A) 48

(B) 3

(C) $\frac{4}{12}$

(D) $\frac{1}{48}$

9. Halla la diferencia: $\frac{3}{4} - \frac{3}{8}$. *(Lección 3.2)*

(A) $\frac{5}{8}$

(B) $\frac{3}{8}$

(C) $\frac{1}{2}$

(D) $\frac{1}{4}$

10. Halla el producto: $\frac{3}{4} \times \frac{8}{12}$. *(Lección 4.1)*

(A) $\frac{1}{2}$

(B) $\frac{2}{3}$

(C) $\frac{5}{12}$

(D) $\frac{11}{16}$

11. Estima la suma de $\frac{6}{7}$ y $\frac{3}{5}$. *(Lección 3.1)*

(A) 0

(B) $\frac{1}{2}$

(C) $1\frac{1}{2}$

(D) 1

12. ¿Cuál es la diferencia entre $3\frac{1}{2}$ y $1\frac{1}{4}$? *(Lección 3.6)*

(A) $2\frac{1}{4}$

(B) $3\frac{1}{4}$

(C) $4\frac{3}{4}$

(D) $4\frac{1}{2}$

13. Halla el área del triángulo *ABC*. *(Lección 6.3)*

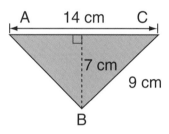

(A) 126 cm^2

(B) 98 cm^2

(C) 63 cm^2

(D) 49 cm^2

14. Simplifica $4x + 6 - 2x - 1$. *(Lección 5.3)*

(A) $6x + 7$

(B) $4x + 3$

(C) $8x + 6$

(D) $2x + 5$

15. ¿Para qué valor de *y* será verdadera la desigualdad $3y + 4 < 8$? *(Lección 5.4)*

(A) $y = 1$

(B) $y = 2$

(C) $y = 3$

(D) $y = 4$

16. El vaso A contiene 236 mililitros de leche. El vaso B contiene 420 mililitros de leche. ¿Cuál es la razón de la cantidad de leche del vaso A con relación a la cantidad del vaso B? *(Lección 7.3)*

(A) 89 : 135   (B) 119 : 165

(C) 479 : 660   (D) 59 : 105

Respuesta corta

Lee las preguntas con atención. Escribe las respuestas en el espacio dado. Muestra el proceso.

17. ¿Cuál es el número que falta en el recuadro? *(Lección 1.2)*

$$87{,}412 = 80{,}000 + \boxed{} + 400 + 10 + 2$$

_____

18. Ordena los números de mayor a menor. *(Lección 1.3)*

35,928   164,239   35,982   916,236

_____

19. Halla el producto de 238 y 4,000. *(Lección 2.2)*

_____

20. Simplifica $4 \times \{(43 - 19) + [(121 - 3) \div 2]\}$. *(Lección 2.7)*

_____

© Marshall Cavendish Education Pte Ltd

21. Hay 215 estudiantes de grado 5 en la escuela Los Nogales. Cada estudiante compra un diccionario por $17 ¿Cuánto gastan en total los estudiantes comprando sus diccionarios? *(Lección 2.8)*

_____

22. 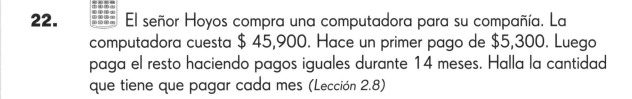 El señor Hoyos compra una computadora para su compañía. La computadora cuesta $ 45,900. Hace un primer pago de $5,300. Luego paga el resto haciendo pagos iguales durante 14 meses. Halla la cantidad que tiene que pagar cada mes *(Lección 2.8)*

_____

23. Simplifica $(2 + 4) \times 7 - 6 + 11$. *(Lección 2.7)*

_____

24. Expresa $38 \div 6$ en forma de fracción en su mínima expresión. Luego vuelve a escribir la fracción en forma de número mixto. *(Lección 3.3)*

_____

25. Shaun tiene $24\frac{1}{2}$ onzas de cuentas. Él tiene $3\frac{3}{8}$ onzas de cuentas menos que Tony. Halla el peso de las cuentas de Tony. *(Lección 3.7)*

_____

26. Expresa $24\frac{1}{4} - 15\frac{1}{2}$ en forma de decimal. *(Lecciones 3.3 and 3.6)*

_____

27. Rita corrió $7\frac{3}{10}$ kilómetros el viernes. Ella corrió $1\frac{3}{4}$ kilómetro más el sábado. ¿Cuántos kilómetros corrió en ambos días? Da la respuesta en forma de decimal *(Lección 3.7)*

_____

28. Multiplica $\frac{70}{6}$ por $\frac{18}{4}$. Escribe el producto en forma de número mixto en su mínima expresión. *(Lección 4.3)*

_____

29. Jamal corre $1\frac{2}{5}$ milla al día como entrenamiento para una carrera. *(Lección 4.5)*

a. Si él corre la misma distancia durante 3 días a la semana, ¿qué distancia corre en una semana?

_____

b. Si continúa durante 8 semanas este programa de entrenamiento, ¿qué distancia total correrá en 8 semanas?

_____

30. Un ovillo de cuerda de $\frac{9}{10}$ de metro de largo se corta en 3 partes de igual longitud.

Halla la longitud de cada parte. *(Lección 4.6)*

_____

31. El costo de 3 baterías es de $5r$ y el de 8 carpetas es de $2r$. Jason compró 6 baterías y 4 carpetas. ¿Cuánto pagó? Da la respuesta en función de *r*. *(Lección 5.5)*

_____

32. Halla el área. *(Lección 6.1)*

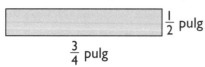

$\frac{1}{2}$ pulg

$\frac{3}{4}$ pulg

_____

33. Se da la base del triángulo *ABC*
Rotula su altura. *(Lección 6.2)*

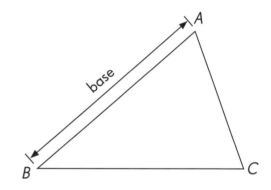

34. Halla el área del triángulo *PQR*. *(Lección 6.3)*

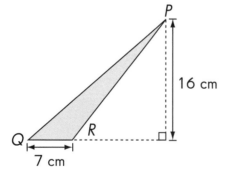

16 cm

7 cm

_____

35. ABCD y ECFG son rectángulos. BC = CF. ¿Cuál es
el área total de las partes sombreadas de la figura? *(Lección 6.3)*

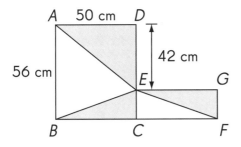

_____

36. La razón de las masas de dos bolsas de harina es 5 : 7.
La bolsa más pesada contiene 1,120 gramos de harina.
¿Cuál es la masa total de la harina de ambas bolsas? *(Lección 7.3)*

_____

37. Rachel, Sara y Fabio reparten una tarta a razón de 1: 2 : 4.
¿Qué fracción de la tarta obtiene Sara? *(Lección 7.6)*

_____

38. Las longitudes de los tres lados de un triángulo están dadas a razón de 3: 4: 5. El perímetro del triángulo es 156 centímetros. ¿Cuál es la diferencia en longitud entre el lado más largo y el más corto? *(Lección 7.6)*

_____

39. Halla un patrón en este conjunto de figuras. *(Lección 5.1)*

   ?

| Figura 1 | Figura 2 | Figura 3 | Figura 4 |

Figura	1	2	3	4		?
Número de unidades de cuadrados	1	4	9	?		169

a. ¿Cuántas unidades de cuadrados hay en la figura 4? _____

b. ¿Cuál figura de este patrón tendrá 169 cuadrados pequeños? _____

Respuesta desarrollada

Resuelve. Muestra el proceso.

40. 🖩 Los postes se ubican separados por igual distancia a lo largo de una carretera de 6 kilómetros. Hay un árbol entre cada dos postes. La figura muestra la distancia entre el árbol y los dos postes. Hay postes ubicados al comienzo y al final del camino. ¿Cuántos postes hay? *(Lección 2.5)*

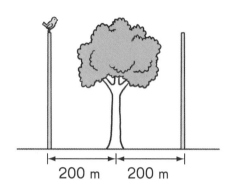

200 m   200 m

41. 🖩 Hay un número entero que se divide entre 4 y da un residuo de 3. Cuando se divide el mismo número entero entre 6, da un residuo de 1. El número se encuentra entre 70 y 85. ¿Cuál es el número? *(Lección 2.6)*

42. 🖩 Sarah gana mensualmente $525 más que Andrew. Cada uno gasta $1,250 al mes y ahorra el resto. Al comienzo, Sarah no tenía nada ahorrado. Después de 11 meses, sus ahorros eran $8,250 ¿Cuánto gana Andrew en un año? *(Lección 2.8)*

43. Iván pescó en un día un total de $7\frac{2}{5}$ libras de pescado. De su pesca, $4\frac{5}{8}$ libras eran de róbalo y el resto era de caballa. Regaló $1\frac{7}{8}$ libra de caballa. ¿Cuántas libras de caballa le quedaron? Da la respuesta en forma de decimal. *(Lección 3.7)*

44. En el recipiente A había $2\frac{4}{5}$ cuartos de leche y en el recipiente B había algo

de leche. Lisa vertió en cada uno de los recipientes A y B $1\frac{2}{5}$ cuarto de leche.

Al final, el volumen total de leche en los dos recipientes era 10 cuartos.
¿Cuántos cuartos de leche había al comienzo en el recipiente B?
Da la respuesta en forma de decimal. *(Lección 3.7)*

45. Tyrone está leyendo un libro para su proyecto. Lee 40 páginas el primer

día. El segundo día lee $\frac{1}{4}$ de las páginas restantes. Después del segundo

día, todavía tiene que leer $\frac{1}{2}$ del total de las páginas para completar el libro.

¿Cuántas páginas tiene el libro? *(Lección 4.2)*

46. Un concesionario de vehículos tiene 9*y* automóviles, 12*y* camiones y 18 furgonetas. *(Lección 5.5)*

    a. Se vendieron 4*y* automóviles 3*y* camiones y 15 furgonetas. Halla el número total de vehículos restantes en función de *y*.

    b. Si el valor de *y* es 7, ¿al comienzo hay más camiones o más automóviles y furgonetas?

47. El cuadrado *JKLM* tiene 14 pulgadas de lado. *KP = MP = JP = LP*. Halla el área total de las partes sombreadas. *(Lección 6.3)*

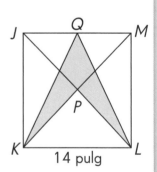

48. Freddie tiene 2 veces tantos libros de tiras cómicas como David. La razón de la cantidad de libros de David con relación a la cantidad de libros de Gary es de 5 : 3. Freddie tiene 110 libros de tiras cómicas. ¿Cuántos libros de tiras cómicas tienen en total David y Gary? *(Lección 7.6)*

49. La razón del volumen de agua del recipiente A al volumen de agua del recipiente B al volumen de agua del recipiente C es de 2 : 3 : 8. El recipiente B contiene 900 mililitros de agua. *(Lección 7.6)*

a. ¿Cuál es el volumen de agua del recipiente C?

b. Halla el volumen total de agua en los tres recipientes.

50. Belinda tiene 10 tazas de harina. Usa 3 tazas para hacer un pan grande. Usa $\frac{1}{4}$ de taza de la harina que queda para cada panecillo que quiere hacer. ¿Cuántos panecillos puede hacer con la harina que queda?

51. El Sr. Madison tiene dos cajas de arándanos. Al principio, la caja A tenía 228 arándanos más que la caja B. El Sr. Madison pasa 600 arándanos de la caja A a la caja B. Ahora la caja B tiene 5 veces más arándanos que la caja A. ¿Cuántos arándanos había en cada caja al principio?

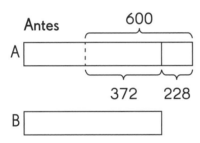

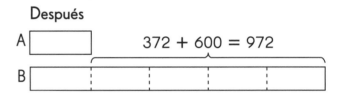